定年後の勉強法【目次】

ちくま新書

定年後の勉強法

和田秀樹
Wada Hideki

978

第四章　人生を充実させる勉強法

はじめに

定年後の勉強というと、どういうイメージをもたれるでしょうか？

おそらく本書を手に取られた方は、定年後も勉強しなければいけない、あるいは、時間のできる定年後こそ勉強をしたいという方なのでしょうが、私は定年を迎えたほとんどの方に勉強は大切だと訴えたいのです。

一つには、定年後、六五歳を超えると高齢者と呼ばれるようになるのですが、高齢者の特性として、使わないと衰える「廃用」という問題があるからです。

たとえば、若いうちなら、スキーで骨を折って一カ月寝ていても、治ればその日から歩けるようになります。しかし、高齢者の場合は、風邪をこじらせて肺炎などになって、一カ月も寝ていると、リハビリなどをしないと歩けなくなる、ひどい場合は、そのまま寝たきりになることがあります。

脳についても同じことで、若いころなら遊び呆けていても、入院して一カ月も天井を見ているような生活をしていても、そのままぼけてしまうことはないし、一念発起して資格試験などにもチャレンジできますが、歳をとると、知的活動をしないでいると本当にぼけたようになってしまいます。

要するに歳を重ねる際、脳を使い続けないと、どんどん脳が衰えてしまうのです。

さらに言うと、定年後、生きている期間が長くなりすぎたこともあります。昔と違い、現在では、六〇歳で定年したら、余生が平均でも二〇年以上あるのです。

だとすると、そんなに早く老けこんだり、いわゆる社会から隔絶した隠居者になるわけにはいかないでしょう。

さらに言うと、意外に知られていないことですが、定年後の勉強は、重要な健康法でもあります。それは、作家や文化人が、歳の割に若々しく、長生きな人が多いことからもわかるでしょう。本書でも紹介しますが、現実に歳を取ってからは知的機能が高いほど生存率も高いという調査結果もあります。

そういうわけで、私は定年後、何をどう勉強するかというのは、多くの人にとって重要なテーマだと信じています。

私は、これまで受験勉強法や大人のための勉強法などのベストセラーを書いてきた点で、勉強法については自負があり、もう一つの顔として、老年精神医学を専門とし、高齢者の心や体の老化もずいぶん診てきました。また、数年前から、臨床心理学の大学院の教員を始めたのですが、その中で、定年後にその資格を取るために入学してきた方やその年代の方々の指導をさせていただいた経験もあります。

実際、定年後の勉強と言っても、年金が十分でないので雇用を確保するため、定年後のキャリアチェンジのため、老後の趣味や一生打ち込める学問として、若い者にバカにされない教養を身につけるためなど、さまざまな目的や動機があるでしょう。さらに脳の老化予防を考える人もいらっしゃると思います。

本書では、私の経験や医者としての知識をもとに、できるだけ多様なニーズにこたえるつもりです。

でも、ありとあらゆる勉強法の本に共通して言えることは、勉強法というのは知っているだけでは意味がなく、実践して初めて意味をもつということです。

その意欲を持続していただく一助になれば、著者として幸甚この上ありません。

序章
長生きしたければ勉強をしなければいけない

†実は「余生」はとても長い

私はこれまで、志望校に合格するために最も効率的な勉強方法として「受験は要領」と打ち出した和田式受験勉強法を提唱し、受験指導のカリスマとも言われてきました。「はじめに」でもふれましたが、受験生だけではなく、大人に向けても『大人のための勉強法』（PHP新書）、『四〇歳から何をどう勉強するか』（講談社プラスアルファ文庫）といった本を出し、勉強することの効用について説いてきました。おかげさまで一定の評価もいただいているようです。

また、老年精神医学を専門とする精神科医として、高齢者の臨床にも長年たずさわっています。その現場で見えてきた、おもに人間的な感情をつかさどる前頭葉（脳の前のほうにある部分）が縮んでいくために起こる「感情の老化」について警鐘を鳴らしてきました。早ければ四十、五十代から始まり、進行すれば向上心や意欲がじわじわと衰えていきます。中年になるにつれて、若々しい人と年寄りくさい人に大きく分かれていきますが、それはこの感情の老化のスピードが大きく影響しています。

しかし、四十、五十代で感情が老化するのはもちろんもったいなく、定年前後でも、老け込むにはまだ早い年齢だと思います。

というのも、今や日本人の男性は、六〇歳で定年した後、二〇年以上生きるからです。日本人男性の平均寿命は七九・六四歳で、女性の平均寿命は八六・三九歳です（平成二二年簡易生命表）。現在、六〇歳の平均余命は、男性二二・八四年、女性二八・三七年です。六〇歳まで生きた男性は平均的には、八二・八四歳まで生きることになるのです。

そもそも定年という言葉が生まれたときは、まだまだ平均寿命が短く、「お勤めご苦労様でした、あとの年月はゆっくりしてくださいね」という意味合いがありました。

ところが今では六〇歳で定年したとしても、それから二〇年もあるのです。六〇〜六五歳の定年後を「老後」「余生」という言葉で決め付けてしまうのはもったいないでしょう。

なにしろ、二〇年もあれば、子どもが生まれても成人してしまいます。もう一回子どもを育てられるくらいの長さなのです。また、会社に入ったばかりの新入社員が中堅社員にまで到達するほどの時間でもあります。まず、それぐらいの変化が見込めることを認識してください。

定年後はそれだけ膨大な時間があるのに、ただ盆栽をいじっている、好きなだけ本を読んでいる、絵を描いて過ごす、旅行をする……といっただけでは、この「余生」はあまりにも長すぎるのです。

たしかに、昔は老い先が短かったので、これまであくせくと働いていたから、亡くなるまでのあと五〜一〇年は、旅行に行ったり、おいしいものを食べたり、ゆっくりのんびりしたり、ゴロゴロしたりして過ごそうという感覚だったのかもしれません。

ところが、寿命が長くなり、旅行に行って余生を過ごそうとすると、金銭的にも負担が大きくなります。余生はゆっくりのんびりすることしか考えないままに定年になり、「濡れ落ち葉」といわれる状況に陥ってしまうこともあるでしょう。

しかし、そういった人生でよいのでしょうか。

この状況になってからでは、残念ながらほぼ手遅れです。向上心や意欲がじわじわと衰え、感情の老化が進み、脱却することができなくなってしまうのです。

だからこそ、長い「余生」を豊かに過ごすためには、なるべく早い段階から、感情の老化のスピードを抑える必要があります。実は、この感情の老化のスピードはある方法によって防ぐことができます。

それは、「勉強」です。

「勉強」が前頭葉を刺激して、感情の老化を防ぐことができるようになるのです。若い頃の「勉強」の期間は、たとえば、小学校六年、中学校三年、高校三年、大学四年で合計一六年ですので、余生が二〇年あれば、学校の勉強を学び直すことさえも十分に可能なのです。

ただし、「勉強」といっても、「余生」に向けた世代では、勉強の意味は変わってきます。若いころの受験勉強のように、目の前の志望校合格という、ひとつのゴールに向かう短期集中型の勉強ではない、これまでの勉強とは発想が大きく変わった、正答がいくつもある、長期的な視点での勉強が必要になります。

その勉強とは「健康法としての勉強」と「自己実現のための勉強」と二つに分けることができます。

定年後の勉強は健康法だ

簡単にいえば、「健康法としての勉強」とは、勉強が長生きのための健康法になるという意味です。

興味深いデータをご紹介しましょう。

オランダのフライ大学のスミッツらが、アムステルダムの五五歳から八五歳の地域住民二三八〇人を対象に行った四年後の死亡率の調査結果です。健康に関して、何が長生きを規定するか、何が死亡率に影響しているかという調査を行いました。心臓病があるかないか、ガンがあるかないか、情報処理速度（アルファベットの並べ替えのテスト）はどうか、流動性知能（パズルを解くような知能テスト）はどうか、学歴がどうだったかと、死亡率の関係を調べたのです。

四年後の死亡率を比べてみると、当たり前のことですが、五五歳から六四歳で四年後に亡くなる人というのは、三・七％しかいません。一方、年齢が上の七五歳から八五歳であれば、二一・三％の人が亡くなっています。

また、病気の有無で見ると、心臓病がなかった人の死亡率は九・四％であったのに対して、心臓病があった人は一八・一％も亡くなっています。ガンについては、ガンがなかった人は一〇・五％、ガンがあった人は一七・三％です。たしかに、病気があれば死亡率が高くなるということは簡単に理解できます。

では、流動性知能、情報処理速度ではどうでしょうか。

アムステルダムの死亡率の調査

	諸条件	総人数	4年後の死亡者数(死亡率)
年　齢	55〜64歳	836人	31人（3.7%）
	65〜74歳	783人	70人（8.9%）
	75〜85歳	761人	162人（21.3%）
学　歴	中卒レベル	952人	132人（13.9%）
	高卒レベル	1,084人	93人（8.6%）
	大卒レベル	351人	39人（11.1%）
心臓病の有無	無	1,922人	180人（9.4%）
	有	458人	83人（18.1%）
ガンの有無	無	2,172人	227人（10.5%）
	有	208人	36人（17.3%）
情報処理速度	0—24.50	1,180人	194人（16.4%）
	24.51—50.70	1,200人	69人（5.8%）
流動性知能	2—18	1,219人	182人（14.9%）
	19—24	1,161人	81人（7.0%）

（スミッツら "Am J Epidemiol vol. 150, 978, 1999" より引用、一部改変）

※オランダ・アムステルダムの55歳から85歳の地域住民2,380人を対象に行った調査で明らかになった、個々人の構成要素ごとの4年後の死亡率。

※「情報処理速度」「流動性知能」共、数値が高いほど知的機能に優れている。

流動性知能のテストとは、一部が欠けた図形を見せて、欠けた図柄に一致するものを六つの中から選ばせるというものです。上位の一一六一人の死亡率は七％だったのに対し、下位の一二一九人の死亡率は一四・九％でした。

つまり、五五歳から八五歳の年齢に達した際に、このようなパズルを解く知能のテストで、同年代の上位半分以内にいるのといないのとでは、四年後の死亡率が二倍も違ってくるのです。

また、情報処理速度のテストとは、最初に二個が対になったアルファベットの一覧を見せて（たとえば「A－G、B－S、C－K」というような表）、その後、「KBGSUC」というようなアルファベット列を提示して、どれに対応するかという並べ替えをさせるというものです（たとえば「CSA……」となります）。

このスピードが上から一二〇〇人までの四年後の死亡率はわずか五・八％でした。ところが、下から一一八〇人の死亡率は一六・四％だったのです。

アルファベットの並べ替えテストで同年代の上位半分以内にいるのといないのとでは、四年後の死亡率が三倍近くも違ってきます。これは、先ほど紹介したガンの有無以上に大きな差が出ています。

この調査を見ると、年齢を経ても、高い知能を保っていれば、それだけ長い余命が期待できるということがわかります。勉強は実は長生きの秘訣であり、年齢を重ねてからの有用な健康法といえるかもしれません。

†勉強が死亡率を下げる

また、ここで注目してほしいデータは学歴です。データでは、学歴が中卒レベル、高卒レベル、大卒レベルと分かれていますが、中卒レベルの四年後の死亡率は一三・九％、高卒レベルの人は八・六％、大卒レベルで一一・一％となっています。高卒レベル、大卒レベル、中卒レベルの順に死亡率は高まっていきます。

ここにはまず、一つ考えなくてはいけない統計上のトリックがあります。

どこの国でもそうなのですが、年代によって、その社会から求められる学歴は変わるということです。

たとえば、日本では現在の「七五〜八五歳」の人は、どのような学歴が一般的だったでしょうか。やはり「旧制中学出」でさえ少数派で、中卒レベルが多く、大卒は少なかったのではないでしょうか。

ところが、「四五〜五五歳」だったら、どうでしょう。大卒は、多分この年代ですと二割や三割になり、「七五〜八五歳」に比べて大卒の割合は高いはずです。こういった現象がこの調査でも起こり、若い年代ほど大学進学率は高く、年齢を重ねるほど中卒が多くなると考えられないでしょうか。

ですから、平均年齢が一番高い中卒レベルの死亡率が高いのは当たり前なのです。

次に気がつくのが、平均年齢が若いはずの大卒レベルの人（二一・一％）が、平均年齢が少し上と見られる高卒レベルの人（八・六％）より死亡率が高いという点です。

先の流動性知能や情報処理速度のテストの例から見れば、「年齢を経ても、高い知能を保っていれば、それだけ長い余命が期待できる」はずですが、このデータでは高い知能を保つはずの大卒レベルの余命が思ったよりも短い（思ったよりも死亡率が高い）のです。

高卒レベルの人と大卒レベルの人で、何が違うのでしょうか。

私が思うには、大卒レベルの人のほうが定年後、何もしなくなるのではないでしょうか。大卒レベルは一四・七％、二三八七人中の三五一人しかいません。ということはこの層はエリートに違いありません。しかも、オランダは退職前と同程度の年金が支給され「世界最高水準」と評されるほど年金制度が充実しています。年金制度に守られた大卒者は、定年後何もしなくなり頭を使わないため死亡率が高い、そういった仮説が考えられます。

一方、高卒の人は、工員だったり、職人だったり、大工だったり、ようするに学校を出てからも、肉体労働をいとわない、スキル重視の仕事についていることが多い。そのため、退職後もなんらかの職についており、大卒の人より、定年後何かしらの形で働いている可能性が高いのです。

このデータで見る限り、現状では、年齢を重ねたときに、死ぬか生きるかという問題で実際に重要なのは、病気を抱えているかどうかよりも、頭を使っているかどうかなのです。つまり、あなたの死亡率を下げるためには、頭を鍛えることが必要なのです。

ジョギング、ウォーキングをして、一生懸命に血圧を下げたり、コレステロールを下げたりするよりも、実は、働いたり、頭を使ったり、勉強しているほうが、健康にいいかもしれません（まったく歩かないというのは健康にはよくないようですがジョギングレベルですら、体の酸化を進めて老化を早めるという説もあります）。

かつての夢をかなえる自己実現のための勉強とは

次に、「自己実現のための勉強」とは、これまでなしえなかった夢や遠い目標を、かなえるべきゴールとして設定するということです。

たとえば、若い頃はお金がかかるために断念することが多かった映画の撮影もデジタル化でコストが大幅に下がっているため、かなわない夢ではなくなりました。

また、最近になって興味が出てきた分野をつきつめるために新たな学位・資格の取得を目指すといった夢もありえるでしょう。これまでにはなかった学位・資格も数多く、たとえば、臨床心理士を目指す定年前後の人たちもよくみかけます。

また、年金だけでは将来が不安だと、生活防衛のために、新たな学位・資格を取得しようと勉強をはじめることも自己実現といえます。

†ポテンシャルの高さを活かせ！

実は、現在の四十〜六十代は勉強に対するポテンシャルが高いのです。とくに定年を迎えた、いわゆる団塊の世代の人たちというのは、五月病といった言葉が生まれるなど私の世代よりも受験戦争が厳しかった世代です。

私は共通一次の第一期生（昭和五四年）ですが、昭和四二年に、学校群制度が東京都に導入されました。東大合格者に実績のあった日比谷高校などが単願で受験できなくなるなど、学校選択の自由が大幅に狭められました。これは、東京都立高校の過度な競争を緩和するという目的から導入されたものでした。この昭和四二、四三（一九六七、六八）年前後に一五歳だった世代から徐々に受験圧力が緩和され始めました。

つまり、それ以前の一九六六年に受験をした一九五一（昭和二六）年以前の生まれの人たちは受験圧力も激しい上に、団塊の世代（一九四七［昭和二二］年から一九四九［昭和二四］年）は受験者数も圧倒的に多く、競争がとても激しかったのです。

この昭和四二、四三年以前の時代背景を考えてみますと、たとえば、昭和三九年は、東京オリンピック開催、新幹線開通の年、日本が貧しさから脱却しようとしたころです。

労働者がどんどん求められ、中卒者が激減したために「金の卵」という言葉が流行語となり、東北からの集団就職があった時代、映画『ＡＬＷＡＹＳ　三丁目の夕日』で描かれた時代を思い起こしていただければわかりやすいでしょう。

日本は農業国から工業国、あるいは工業国からさらにホワイトカラー国へと変化をとげていきました。日本の場合、第一次産業、第二次産業から第三次産業へ移行するスピードがものすごく速かったので、工場労働者も、映画『男はつらいよ』で寅さんと喧嘩をしているタコ社長が経営する町工場の工員というものから、大企業に勤める社員というイメージに急速に変わっていきました。

また、植木等の映画「無責任」「日本一」シリーズがアンチテーゼとして描かれたように、ホワイトカラーを目指すためには、学歴をつけないといけないという感覚がどんどん浸透してきました。この世代はその時期に当たるのです。

この世代のたいていが勉強をしていましたし、高卒の人でも大卒とかわらないポテンシャルがあり、優秀でした。作家の佐木隆三さんは少し前の世代ですが、彼のように、高卒でも、大卒の人に負けないくらいの人材がたくさんいました。

ロナルド・ドーアさんの『誰のための会社にするか』（岩波新書）にも書かれていますが、昔は東大に入る人と、高卒で新日鉄に入る人というのは、紙一重の差でした。勉強はできても、単に貧乏だったから、高卒で新日鉄に入った。同じ地域で育ち、同じ小学校、同じ中学校、同じ高校に通っても、当時、大学に進学するよりも経済的事情で働いたほうがいいと判断して、頭が良くても、そのまま就職する人がたくさんいたのです。そういう人の中には、東大を受けたが、浪人することや私立大学に行くことが許されず、泣く泣く就職するという人もいましたし、その頃の一流企業の入社試験もかなり難しかったのです。

つまり、労働者とエリートが非常に似通った層だったのです。

高卒でも貧乏であるがゆえに大学に行かずに働く優秀な人間が、労働組合に加入したので、当時は強い労働組合がたくさんありました。ですから、一流大学を出た会社エリート幹部とも対等にやりあえた。高卒であっても大きな引け目を感じない人もいたし、大卒の人以上に難しい本を読んでいる人もたくさんいました。

一方で、大学に入った側も、同じように勉強したにもかかわらず、たまたま家庭の環境などによって自分は大学に入学できた、自分は運が良かっただけという意識をもっていたので、高卒の人たちを見下すことはなかったし（もちろん、いやみな人もいたから東大卒は嫌われたのでしょうが）、貧しい人に同情して左翼運動に入る人も多かったのです。

受験さえしていないものの、勉強のポテンシャルは大学入学できるレベル、東大レベルという人はたくさんいたわけです。もちろん競争が激しかったから通常の大卒や一流大卒の人の学力は相当高かったです。現在、この世代がちょうど、六〇歳から六五歳です。こうした勉強のポテンシャルが高いのに大学には行けなかったような人は、それまであきらめていた勉強を再び始めるのもよいでしょう。むしろ、活かしきれなかった能力をいまこそ試すときなのかもしれません。

しかも、定年前後の多くの人は、新聞や本を読む習慣が身についています。それにくらべて、いまの若い人は新聞や本を読む力も衰えているため、若い人と競争した場合、有利である可能性が高いです。

だからこそ、若い人に負けないように自己実現のための勉強ができるのです。

†臨床心理士という資格

また、学生時代の無念を晴らすといった目標でなくても、すでに明確な目標をもっている人もいるでしょう。

学生時代にはそれほど注目されていなかった、また産業としても注目されていなかった科学・研究が進み、新たな学位・資格が登場してきたり、自分がこの数十年間働いてきたりしたことで、興味がわいてきた分野もあるでしょう。最近になって興味が出てきた分野をつきつめるために新たに大学院や大学を目指すといった方法もあります。

たとえば、臨床心理士という資格がそれにあてはまります。臨床心理士とは、臨床心理学にもとづく知識や技術を用いて、人間の心にアプローチする精神分析のカウンセラーです。

文部科学省の認可する財団法人日本臨床心理士資格認定協会が実施する試験に合格し、認定を受けることで取得できる資格です。なお、受験資格としてはこの協会に指定された大学院などを修了する必要があります。

私が教壇に立っている国際医療福祉大学大学院医療福祉学研究科臨床心理学専攻はこの協会に指定されていて、現在、社会人枠があり、毎年六〇歳以上の人が、一人か二人は入学してきます。昨年も某国立大学卒、一流商社の部長だった人が、社内のメンタルヘルスで苦労したから、定年後、臨床心理士の資格を取って、カウンセリングをやりたいと入学してきました。

他にも六〇歳を過ぎて正式に資格を取りたいと入学してきた産業カウンセラー、臨床心理士の資格を取りたいという歯科勤務医など、定年後、臨床心理士の資格を得ようという人々が次々と大学院に入学してきます。

いわゆる自己実現か、お金をしっかりと稼ぎたいという生活防衛か、入学の目的はそれぞれですが、定年後しっかりと勉強して、能力をつけ、資格を得るという考え方があるのです。

†「長生きしたければ勉強をしないといけない」が世界の常識に

「健康法としての勉強」か「自己実現のための勉強」か、いずれにしても、「勉強しない人は生き残れない」という発想から、「長生きしたければ勉強をしないといけない」という発想への転換が求められます。

これからの時代は、もはや工業社会の時代ではありません。インターネットが世界をつなぐ知識社会の時代なのです。

知識社会の時代では、生涯学習を通じて高い知識レベルを保つことが社会で生き残るパスポートとなります（ただし、ただ単に知識があればよいというわけではありません。このあたりは後述します）。

知識社会とは何でしょうか。一九六〇年代後半に、ドラッカーが論じた「知識社会」の定義によれば、この社会では、知識が生産手段の主軸を担い、頭の中にどれだけ知識があるかで賢いか賢くないかが決まるのではなく、その知識を上手にアウトプットし、加工し、そこから利潤を得ることのできる人が賢いとみなされるようです。

「勉強しない人は生き残れない」という発想は学生、社会人を突き抜けて、定年前後でもあてはまるようになってきたのです。

さらに、知識社会で生き残ってきた団塊の世代が、定年前後に突入した二〇一〇年代は、「長生きしたければ勉強をしないといけない」という圧力は強まっています。

勉強の目的は「何かをきわめること」

「健康法としての勉強」であれ、「自己実現のための勉強」であれ、これらの「勉強」にも最終的なゴールがあります。

それは「何かをきわめること」です。わかりやすくいえば、「尊敬される年寄り」になるということです。

年齢を重ねても人から尊敬されたり、「必要な存在」と意識してもらったりすることは大事なことです。自己愛が満たされて、生きていく自信やエネルギーの源泉となるからです。

しかし、ここで注意していただきたいのは、「尊敬される年寄り」とは、単に知識をたくさん持っているだけの「書斎の人」ではないということです。また、ニコニコしているだけの好々爺でもありません。これからはアグレッシブ（積極的）な「賢人」「哲学者」が求められる時代なのです。

受験勉強の悪弊でしょうか。知識をたくさん持てばいいという考え方が年齢を経てからもあてはまると思っている人はたくさんいます。たしかに、知識の多い人は昔は得がたい情報を持つ人物として重宝がられ、尊敬されました。「昔はこうした、ああした」という話が尊敬されたのですが、今は時代が違います。それは、二〇世紀の工業社会には通じましたが、二一世紀の知識社会では通用しなくなったのです。

今は、インターネットを検索すれば、すぐに必要な知識にたどりつけてしまいます。知識などはいくらあっても、インターネットにはかなわないのです。

つまり、これからの時代に「尊敬される年寄り」に求められるものは、知識よりも考え方の面白さなのです。いかに人をひきつけるアウトプット（出力）ができるかが必要とされます。

たとえば、内田樹・神戸女学院大学名誉教授のようなタイプの人が求められます。内田氏はブログを中心に、様々な発想力豊かな話題を提案し続けています。その発想の面白さに執筆のオファーをする編集者は多いようです。

内田氏は昭和二五（一九五〇）年生まれで二〇一一年に神戸女学院大学を定年により退職しました。しかし、多くの人がその発想の若々しさから彼がすでに定年を迎えたという事実に驚くのではないでしょうか。考え方の面白さは、若々しさにつながっていくのです。

知的で紳士的な語り口（出力）から女性ファンも多く、定年を迎える少し前に、二〇歳年下の元教え子と再婚したほどです。

内田氏の『街場の教育論』（ミシマ社）の中にある次の部分は、定年後の勉強法のありかたとしても使えますので引用しておきましょう。

「学び」というのは自分には理解できない「高み」にいる人に呼び寄せられて、その人がしている「ゲーム」に巻き込まれるというかたちで進行します。この「巻き込まれ」(involvement) が成就するためには、自分の手持ちの価値判断の「ものさし」ではその価値を考量できないものがあるということを認めなければいけません。自分の「ものさし」を後生大事に抱え込んでいる限り、自分の限界を超えることはできない。知識は増えるかもしれないし、技術も身につくかもしれない、資格も取れるかもしれない。けれども、自分のいじましい「枠組み」の中にそういうものをいくら詰め込んでも、鳥瞰的視座に「テイクオフ」(take-off、離陸)することはできません。それは「領地」を水平方向に拡大しているだけです。

詳しくは本論で述べますが、自分の知っていること——「枠組み」「ものさし」に固執し、他から学び取ろうとしない姿勢は定年前後であればより注意しなければなりません。

話を戻しましょう。現代の日本は「知識社会」であるとともに高齢社会であることから「成熟社会」であるとも言われています。こうした時代に求められるのはアウトプットが魅力的な知の賢人です。

定年前後の人たちが、「知の賢人」「老哲学者」を目指すことで、日本経済の活性化にもつながっていくはずです。「健康法としての勉強」にせよ、「自己実現のための勉強」にせよ、定年後の勉強のために彼らが投資すれば、貯金として貯めこまれていたお金が使われ、経済は回りだします。その循環がうまくいけば、日本経済はより活性化していくでしょう。

また、上の世代（五十〜六十代）が勉強することで、それを見ているその下の三十〜四十代へ影響も出てきます。その世代も「年齢を重ねても、より高い知的レベルが求められる時代」だと認識を変えれば、資格試験や大学院進学といった自己投資も活発になるでしょう。また、受験勉強が終わって、今後勉強とはおさらばと考えている、学力低下が著しい二十代には大きな圧力となり、彼らも奮起するに違いありません。

このように、定年前後の世代が、「賢人」「老哲学者」となるために勉強を始めることで、日本経済が活発化し、知的レベルの高い人材が豊富になり、中国、韓国といったアジア諸国との国際的な競争でも優位に立てるようになるかもしれません。

本書は五十代以降の人々が、「知の賢人」「哲学者」となるために、どのように勉強したらいいのかを伝えるために書かれています。第一章で新和田式勉強法、第二章で記憶術、第三章で思考術、そして第四章では、私の出会った人たちや、様々な文献をもとに、アグレッシブな知の賢人のイメージを四パターンに区分けしてみました。

これまでの経験を活かしたコンサルタント系賢人、臨床心理士や整体師など新しい領域に挑戦する「心の健康、身体の健康」の専門家系賢人、文化を再評価する宗教・歴史系賢人、隠れていた才能を発揮させるアーティスト（映画監督、小説家）系賢人、です。こうした知の賢人へのアプローチなどを私の体験をもとにして解説しています。

ただ、四十〜五十代前後の人が、前もって考えておいたほうがいいヒントも数多く挙げておきました。ひょっとしたら、四十〜五十代の人のほうがこの本を手に取る必要があるのかもしれません。

というのも、定年後になってしまうと、前向きさをつかさどる前頭葉がすでに萎縮を始めていて、感情が老化してしまい、この本のタイトル「勉強法」というフレーズを見ても、「まあ、いいや」となって関心すら抱かないかもしれないからです。

定年後時間が十分にできてから、「これからのことについて考えればいいや」と思っていると、大きな間違いです。その時点でもう遅すぎるかもしれません。

「定年後の起業」コンサルタントに聞いたのですが、たとえば定年後起業で成功する人は、たいがい四十代から計画をしていた人のようです。つまり、四十代くらいからアイディアを練り、時間ができたらこんなことをやろうとか、退職金をもらったらあんなことをやろうとか思って準備している人はわりとうまくいきます。

これについては起業のみならず様々なことであてはまるようです。渡部昇一さんは『知的余生の方法』（新潮新書）で次のように例をあげて、解説しています。

例えば、私はこれまで多くの編集者に接してきたが、定年で編集の仕事を離れてから活躍している人が何人もいる。評論家の堤堯氏や、大作『幕末史』（新潮社刊）を著した歴史家の半藤一利氏などである。こういう人たちは現役時代に編集者としても、素晴らしい業績を挙げてきた。編集という仕事は、時には、昼夜の別なく忙しいことのある職種である。普通なら、他のことに手を出す余裕などないはずである。しかしこの人たちは、仕事とは別に、常日頃から自分の興味あることを勉強し、それを蓄積してきたのだと思う。だからこそ、定年となって自由になった途端に、自分の好きなことに腕を発揮できたのだろう。

このように記した後に、仕事以外の勉強を日々積み重ねる大切さを「壮して学ぶ」という表現で提案しています。

やはり、定年してからだと、感情の老化がはじまっていて、創造性、何よりも意欲も落ちているから、「まあ、いいや」と思ってしまう人が多いでしょう。だからこそ、早めにいろいろなことに関心をもっておいたほうがよいのです。

また四十〜五十代の人は、これからどれだけ年金が削られるかわかりません。年金の支給開始時期が遅れることは間違いありません。支給開始時期が遅れれば、それまでの期間、働かないといけません。そのためには、この不況下で定年後も働けるだけの知的レベルを保っておく必要があります。そういった「生活防衛のため」にも知っておくべき知識があるのです。

アグレッシブな「知の賢人」「老哲学者」を目指して勉強をする気になり、あなたのこれからの人生がより充実したものとなり、生涯現役、生涯健康に近づいてもらえればと思います。

これから、そのための具体的な勉強法を紹介していきます。

第一章

若いころと勉強法は逆になる！

†和田式勉強法のエッセンスとは?!

　定年後の勉強法を考えていくにあたって、まずは、勉強法のわかりやすい理解のために、私が提案する勉強法（和田式メソッド）のエッセンスを紹介します。また、過去にどのような勉強法があったのか、私が紹介する勉強法がどのようなものか知ることは、定年後の勉強の道標になるでしょう。

　私たちより前の世代では根性論型、学校の先生にいわれたように勉強するというのが主流でした。当時、多湖輝千葉大学教授が「ホイホイ勉強術」という勉強法を推奨していましたが、どちらかというと戦略的な受験勉強、手抜きの勉強はあんまりトレンディではありませんでした。まだ「効率は悪事」というイメージがありました。

　先生の言った通りに真面目にガツガツ勉強して、数学の問題であれば自力で解かなくてはいけないという、真面目で、堅苦しい勉強が一般的でした。「一生懸命やる」「努力根性主義」などの言葉に代表されるように、考えるより詰め込むことが重要で、勉強というのは面白くないが、社会に出るためには必要なものという位置付けでした。

　私は、当時の根性論型の勉強法を否定するつもりはありません。なぜなら、それは日本人のまじめさにもつながるものだからです。特にいま定年を迎える人（バブルがはじけた後のリストラで、早期に退職した人も多いですが）は、愚直に勉強し会社でも上の言ったことをちゃんとやって、評価されるという生き方をしてきました。そういう人たちが日本の経済成長を支えてきた面があります。

しかし、この根性論型の勉強法は効率が悪いのです。効率の悪い勉強法をやっていると、地頭の良さ（私は地頭の良さという表現はしたくないのですが）でのみ勝負しなければならなくなります。確かに、勉強というのは、自分に合っているやり方でやればよいため、もし、根性論型の勉強法が自分に合っている人はその勉強法をつづけても問題はありません。

一方で、昔から効率がよい方法で勉強していた人はいました。

堀紘一さん（ドリームインキュベータ代表取締役会長）は一九四五（昭和二〇）年生まれで、まさに激しい受験競争の時期の学生でした。堀さんはまだそこまで競争が激しくなかったころの筑波大学（当時は東京教育大学）附属駒場高校に通っていて、入試問題を分析する効率がよい勉強法を行っていたようです。

実は、堀さんは東大の入試問題の分析をして、東大の先生にこんな問題を出すのはおかしいのではとクレームをつけたと、武勇伝を話してくれたことがあります。つまり、根性論型の世代でも効率的に勉強をする人はいたのです。しかし、こういった人はまれでした。

根性論型の世代の大半は、頭の良さと努力で結果（成績や受験の成功）が決まると思っています。それ以外の効率的な勉強法は存在することを知らなかったり、または存在を知っていても、そうした勉強法は悪事であり、やるべきでないと考えていたりするのです。

それでも、効率的な勉強法は確実に存在します。

これは、勉強に限ったことではなく、ゴルフであったり、仕事であったり、健康に関してだったり、それぞれに効率的な方法は存在します。年齢を重ねるにつれて、効率的な勉強法があり、成功している人がいることが社会に認知されるようになり、その方法論が広まりました。

社会人になってから効率的な勉強法というものに気がついた人も多いはずです。営業の第一線にいる人は行き詰まったときに営業のやり方の本を読んで、そのやり方を実践してうまくいき、やはり営業にも効率的な営業方法があるのだということで、「効率的」ということに目覚める人も多いでしょう。

また、建築士の試験とか司法試験といった難易度の高い資格試験ではパターン暗記という和田式メソッドと近い発想の勉強法が一般的になりつつあります。

和田式メソッドは働きながら資格試験に合格するためには欠かせない勉強法ですが、社会人になって初めて、この効率的な勉強法を経験して、「受験生のときにこのやりかたをやっていればもっといい大学に合格していたのに……」と、悔やむ方が多いと聞きます。

つまり、和田式メソッドは、効率的な勉強法を提案しているものなのです。

それでは、和田式メソッドの概略から説明していきたいと思います。

「勉強法などは過去の話だよ」と思っている人でも、これが受験以外でも使えることはわかってもらえるはずです。「受験勉強」と表現されている部分をそのまま「勉強」と置き換えれば伝わると思います。

受験勉強には明確な締め切りがあった

和田式メソッドのポイントのひとつは、受験勉強の仕組みを知るということです。

受験勉強は、まだ社会人経験がない学生が行うものです。そのため、学校に言われたとおりの勉強をして、模擬試験を受けて、その結果をもとに受かるかどうかという一点で判断されて志望校を振り分けられていることが多いようです。

では、東大にいきたい、早稲田にいきたい、医学部にいきたい時に、どうすればよいでしょうか。これまでであれば、予備校に通わせる、各教科の学力をあげていくなどの方法しか語られてきませんでした。

しかし、受験勉強というのは、偏差値を上げたから、あるいは学力を上げたから受かるというものではありません。和田式メソッドでは志望校の合格者の最低点をクリアするというのが基本的な考え方です。

これは受験勉強だけでなく資格試験でも同様です。

資格試験の勉強法でも、自分の目標を実現させるためには、具体的にはどれくらいの期間で、何ができれば実現するのかを考えることが大切なのです。そのためには、目標から逆算して勉強する内容を決めたほうがそれまでにやらなければいけないことは明確になります。なんとなくではなく、目標設定をはっきりとさせることで、効果的に勉強ができ、合格につながるのです。定年後新たに、資格をとろうと考えている人は、これを参考にして、いつまでに、なにをやるべきかをプランニングするとよいでしょう。

まずは、合格者の最低点をクリアするためのプランを考えます。

今の大学は入学者の最低点を公表しています。東大の理科一類でしたら、センター試験が八割とれたなら、二次試験は四四〇点満点中最低点は二三〇点ぐらいです。

そこで、どうやったら二三〇点とれるのか考えた際、たとえば自分はたまたま帰国子女だから英語は一二〇点満点中一〇〇点とれるとしたら、とらなければいけない残りは二三〇点中一三〇点となります。そのための方法論を考えればよいので、やるべきことは単純化されます。英語ができなくて、数学で点をとるというやり方でもよいのです。また、試験に出ない科目はスキップすることもできます。

各々のいきたい学校と、元の能力によって、やらなければいけない勉強は異なります。たとえば、中学時代に英語をさぼっていたから英語がスカスカだとか、中学受験をせずにゆとり教育を受けていたから計算能力がボロボロだとかなら、そこからスタートしなければなりません。

受験とは、いまの学力といきたい学校の合格最低点とのギャップを「何年かかけて」埋める作業なのです。

自分の偏差値六〇を七〇に上げるのに比べて、自分の行きたい学校（偏差値七〇）の最低点をとるために努力するほうが簡単ですし、見込みも高くなります。この構造を理解していないから、多くの受験生は合格するはずの大学も合格できないのです。

その「何年かかけて」という部分が受験勉強の特徴です。受験勉強には明確な締め切りがあります。その締め切りとは「行きたい学校の入学試験日までに」というものです。試験日までに、自分の行きたい学校の最低点をとれる学力をつけなくてはなりません。

†より早くやる方法があるはずだとこれまでの方法を疑う

和田式メソッドの二つ目は、時間の密度を上げることです。

私は『数学は暗記だ!』というベストセラーを出したこともありますが、「数学は暗記することが大切である」というのが、時間の密度を上げることのわかりやすい一例です。

数学は、たくさんの問題にあたり、たくさんの問題の答えを覚えていたほうが点数をとれる科目です。しかし、それは同じ問題が出題されるからという理由ではなく、たくさんの問題の解法を知っていたほうが、新しい問題を見たときに、「以前のあのやり方が使えるのではないか」とヒントが浮かびやすく、正解にたどりつくスピードが速くなるからです。

たとえば、数学の一〇〇〇題の解法を身につければ、数学の問題を解けるようになるという時、一〇〇〇題を全部自力で解くことでやり方を身に付ける方法と、答えを見て覚えてもいいのだと割り切ってやる方法とではかかる時間は全然違います。

かりに、受験勉強の目標が、数学力を高めるとか、自分で考える力をつけるのであれば自力で解くことは意味があるのかもしれません。しかし、大学に受かることが目標であれば、「学校の試験日までに」という明確な締め切りが受験勉強にはあるのだから、スピードを速める方法を採用したほうがよいのです。

限られた時間で、どれだけの勉強ができるかが重要なのです。勉強をやっていない人でも合格する人がいるというのはまったくのウソで、時間はやってなくても量はこなしているので注意が必要です。

勉強時間が三時間で一〇ページこなす人と、五時間で五ページこなす人とでは、その成果は時間で決まるのではなくて、時間当たりのページ数で決まります。限られた時間内にどれだけ多くのページ数を終わらせることができるのかが肝なのです。やった時間よりやった量が大事なのです。木下藤吉郎の一夜城ではありませんが、早く効率的にやる方法を見つけることは重要です。

同じ結果を出すのに、より早く効率的な方法があるはずだと、これまでの方法を疑うべきなのです。

数学であれば正答を覚える。英語であれば単語を覚えていないと読むスピードが遅くなるので、まず単語を覚える。その後、読む訓練を繰り返すという方法でないと、だらけてしまうでしょうし、勉強のスピードが速くなりません。

これまでの方法を疑わずに、そのままの勉強法を続けていれば、勉強ができる子にできない子が追いつくことはありません。

ここで、読者によっては、定年後は時間があるのだから、時間の密度といったことは考えなくてもよいのではと疑問に思う方もいるのかもしれません。しかし、そういった発想では目標を立てることは困難でしょう。具体的にいつまでにこれをやると決めないと継続して努力することは難しいのです。

†インプットの量を意識する

和田式メソッドの三つ目に入りたいと思います。

二つ目で「やった時間よりやった量が大事だ」と述べましたが、それをもう一歩発展させて、「やった量より頭に残した量」ということを説明していきます。

勉強はいくらこなしたとしても、頭に残っている量が少なければダメなものです。受験勉強で詰めの甘い人は、予備校に通ったり、いろんな問題集に手を出したりして、時間と量をともにこなしているのに、復習するというあたりまえのことをやっていないから、やった割に頭に残っていないことが多いのです。

これは、受験生はどんどん新しい問題にチャレンジしないといけないとか、この時期までにこれをやらなければいけないとか、あせりがあるから起きる現象でしょう。

たくさんやっているのに復習に時間を割かないため、頭に残らないということはとてももったいないことです。勉強というものは、復習するかしないかで大きな違いがあるのです。

ある一定量の勉強をするのに二、三時間かかったとしても、復習は三〇分程度で済みます。復習しなければ三〇点しかとれないところ、復習すれば七〇点とれることだってあります。三時間で三〇点しかとれないところを、復習をして三時間二〇分で七〇点とれる可能性があるのです。

つまり、復習はとてもコストパフォーマンスがよいのです。週に一日、復習の時間をとるだけで、ずいぶん頭に残る量が変わるはずです。

この復習という作業は、定年後の勉強法では少し扱いづらい問題かもしれません。それでも、先にあげたような資格の勉強をする人であれば、有効なのは間違いありません。

しかし、歴史や地理などを学び直す作業は、復習とは異なってきます。後述しますが、学び直しは並みの勉強に過ぎないので、定年後の勉強ではそこにとどまってはいけません。

もう一つ言っておきたいのは、定年後の勉強の際、記憶力が落ちたと嘆く方が多いのですが、受験生と同じレベルで復習すれば、頭に残る量はかなり違うことがわかるはずです。大人になってからは、同じ本を二度読むなどということはまずありませんが、復習しないで記憶力が落ちたと嘆くのは間違いです。

✝アウトプットの量を意識する

和田式メソッドの四つ目は、出題にあわせたアウトプットの訓練です。

マークシートなら、マークシートに対応するための訓練をしなければいけませんし、論述なら論述用にアウトプットの練習をしなければなりません。世界史のような暗記物科目でも、論述試験を受ける場合は、それに適した問題集をやるべきです。

つまり、アウトプットのトレーニングをいかにしているかが重要なのです。勉強・復習はやっているのに、試験になると文章が書けない、マークシートの大量の問題をこなす時間が足りないといった壁にぶつかる人はたくさんいます。

アウトプットのトレーニングは様々で、出題傾向にあわせて訓練をする必要があります。制限時間中にどれだけやれるのかをトレーニングする方法もありますし、問題を解く順番を変えることで、効率よく進める訓練もできるでしょう。そうしますと、時間がかかりそうな問題は後回しにして、解けそうな問題から先にやっていくといった柔軟性も身に付くでしょう。この「アウトプットの訓練」は、面接や小論文にはなおのこと当てはまります。

定年後のアウトプットとは次元が少し異なりますが、アウトプットを意識して、勉強する、読書するといった点にはなんら変わりはないことだけは覚えておいてください。日本人はアウトプットを意識していないため、またそのトレーニングの習慣がないため、読んだ内容をうまく人に話せない、文章にできない人がたくさんいます。この傾向は定年後だと余計に顕著になるでしょう。ぜひ、アウトプットを意識した勉強を心がけてほしいものです。

この和田式メソッドの一から四を心掛けている人は少なくとも受験学力が相当あがるは

ずです。いわゆる地頭がそれほど良くなくても、努力量が多少、少なくても、一から四までクリアできていれば、偏差値の高い学校に入ることができるはずです。

逆にこの四つのいずれもやっていない人は頭が良い人でも合格は相当厳しいでしょう。復習をやっていないとか、あるいはアウトプットのトレーニングをやっていないとかで、本来の学力を落としている人はたくさんいます。

重要なのは、なにをやるにも勉強法があるということを認識することです。記憶力をつけたいのであれば、記憶力をつけるための方法があります。アウトプット能力が悪いのであれば、その能力をあげていく方法もあります。うまくいかないときに、他にやり方があるはずだと思えるか思えないかで結果が変わってくるのです。

あくまで和田式メソッドは受験勉強用の方法論ですが、各メソッドの部分で言及したように、定年後の勉強法でも援用できる点は多いはずです。

インプットとアウトプットの関係が反対に

ただし、受験勉強用の方法論・和田式メソッドを定年後の勉強法に援用できない部分もあります。

それは若いころとはその目標が逆になるということです。どういうことでしょうか。若いころの受験勉強は「学校の試験日までに」という明確な締め切りがありました。しかし、定年後の勉強では、資格試験の受験ではない限り、明確な締め切りがないのです。詰め込み型の受験勉強の基本的な仕組みを前提にしなくてよいため、目標の設定のほうがむしろ課題となります。

また、若いうちは、がむしゃらに勉強しているからといって鬱《うつ》になることはあまりありませんが、年齢を重ねてから、完璧主義になって勉強したり、勤勉であろうと意識し過ぎたりすると、鬱《うつ》になりやすくなる点も注意が必要です。

年齢を重ねていくに従って遊びを覚えていく、勉強に楽しみを見出していくというスタンスで勉強していく方が、メンタルヘルスの観点からもよいのです。

また、定年後の人たちというのは、詰め込んだものは十分あるわけですから、むしろ、これ以上詰め込むというより、これまで詰め込んだ知識をどう使うか、創造性をどう導いていくかというふうにシフトすべきです。

つまり、「インプット」という作業から「アウトプット」という作業が中心になり、受験勉強と意識する順番が逆になるのです。ですから、単純に和田式メソッドも援用できません。

そこで、本書では定年前後世代に向けた勉強法を提案していきたいと思います（もちろん資格試験を受けたい人は和田式メソッドを用いてください）。

†定年世代にこそ、ゆとり教育的発想が大事——定年前後世代に向けたメソッド

定年前後の勉強法のポイントは、「ゆとり教育」的発想といえるかもしれません。

「ゆとり教育」とは二〇〇二年から学習指導要領で設けられたカリキュラムでした。本来は、学習指導の最低基準であって、ここに書かれている内容さえ教えればそれ以上は何を教えてもよい、できない子には最低の基準でよいが、できる子には難しいことを教えて学力を伸ばすことを狙ったものでした。しかし、ほとんどの学校で最低基準のカリキュラムを標準として使用したのです。そのため、たくさん教えればもっと伸びたはずの「天才」「才能のある子」のチャンスを奪ったとされています。

私は若い学生に、「ゆとり教育」というのは間違っている、「ゆとり教育」と称する創造

性を重視して詰め込みをやらない教育というのは、頭の中が空っぽな人間を作るだけだと説いてきました。

また、「ゆとり教育」は学力低下のみならず、日本人から勤勉さを奪うといった点も問題で、それがこれからの日本の将来を揺るがすものであるとも指摘してきました。

しかし、この創造性を重視して詰め込みをやらない教育というのはまさに定年前後世代にふさわしい勉強法といえるのではないでしょうか。

前頭葉の萎縮（老化）スピードを弱める

創造性を重視する勉強は、年齢とともに衰えやすい前頭葉を鍛えるという効用もあります。

脳の前方にある前頭葉の機能には未知の部分が多いのですが、意欲や創造性を担っていると考えられています。この部位を事故などで損傷したり、ここに脳腫瘍や脳梗塞が発生したりすると、意欲が失われたり、驚き、怒り、悲しみ、喜びといった感情や思考の切り替えができなくなったりします。

この前頭葉と呼ばれる部分の萎縮（老化）は早ければ男性更年期にあたる四十代から始まります。前頭葉が老化すると、意欲を持って物事に取り組んだり、自分で考えをまとめたりすることが苦手になるなどの変化が現れます。意図的に前頭葉を使う習慣をつけないと、クリエイティビティも意欲も下がっていってしまいます。

すなわち、人間の老化は身体機能や知力以前にまず、感情からはじまるのです。刺激を受けることに対して億劫になって、体を動かさなくなるし、頭も使わなくなります。思考のパターンが決まって、感情が動かなくなると、ますます前頭葉の萎縮も進むという悪循環に陥ってしまうのです。

定年後に勉強をしようと思って、この本を手に取った読者の方は、意欲があって、前頭葉が若々しいに違いありません。そのため、これからの可能性もあるでしょう。一方で、手に取る気がしない人は、本屋にも行かない、新書のコーナーにも行かない人が大半を占めるのではないでしょうか。『定年後の勉強法』というタイトルを見ても、「まあ、いいや」と思ってしまう人は感情が老化しているのかもしれません。

人間の前頭葉は、脳全体のなかで大きな部分を占めます。このために、加齢によって萎縮をはじめたとしても、残っている部分を鍛えていけば、鍛えただけの効果があると考えられます。

というのは、年齢を重ねてから今までやってこなかった創作活動をはじめることで作家や画家、映画監督になって、それなりに成功する人間もたくさんいるからです。若い頃は側頭葉・頭頂葉型の秀才タイプだった人が社長や教授になってから環境が変わってユニークな発想をするケースも結構あります。

†前頭葉を鍛える理系脳と文系脳

こういった問題を考えるうえで、日本の教育ではどのように脳が鍛えられているか説明しておきたいと思います。この事実を知ると、より前頭葉を鍛えるべきだという気になるでしょう。

日本に限ったことではありませんが、初等・中等教育というのは、創造性を身につけるというよりは、側頭葉と頭頂葉を鍛える教育です。

言語を扱う能力、いわゆる言語性ＩＱと呼ばれるものを高める教育は、脳科学的には側頭葉を鍛えるといった性質のものです。

また、パズルや数学の問題を解く能力、動作性ＩＱを高める教育は、頭頂葉を鍛えるためのものです。学校教育というのは、基本的には、理系の科目で頭頂葉を鍛え、文系の科目で側頭葉を鍛えるといった側面があります。

つまり、文系脳が側頭葉、理系脳が頭頂葉と分類することができます。

動物の発生学上からみると、大脳は胎児の段階から、側頭葉、頭頂葉と発達して、最後に前頭葉が発達します。このために、初等、中等教育では、側頭葉と頭頂葉を鍛えるためにみっちりと言語や計算の訓練、図形やグラフの把握のトレーニングをするというのは理にかなっています。その訓練ができてから、前頭葉を鍛えるべきなのです。

しかし、現在、日本の教育の根本的な欠陥のため、前頭葉が鍛えられることは残念ながらほとんどありません。

というのは、大学教育に問題があるために、せっかく高校までに、あるいは受験勉強で、側頭葉と頭頂葉をみっちり鍛えてきた生徒も、前頭葉を発達させることができないのです。

そのわけは、日本にはアメリカのハーバード大学のマイケル・サンデル教授みたいな先生がいないからです。

日本の大学では、自分ほど偉い者はいないと平気で考えている大学教授が大人数に向かって一方的に話すような講義しかありません。なにかを引き出すとか、知識を疑わせるとか、いろいろな可能性を考えさせるという学生のクリエイティビティを伸ばす講義がほとんどないのです。たまに、理系の教授ではいるようですが、文系の教授ではほとんどいないと思われます。

そのように考えていくと、今の学生にとって私立大学の文系学部に進むというのは、悲劇的なことではないでしょうか。

私立大学の文系に進む場合、受験科目もしぼられますので、大学以前に理系科目をほとんど勉強しないままに大学に入学することになります。

そうすると、高校教育でも、大学教育でも、前頭葉と頭頂葉は鍛えられずに育ってしまいます。文系脳ともいえる側頭葉だけが鍛えられているものの、理系脳ともいえる頭頂葉は鍛えられていないままで社会に出ることになるのです。こういった状態を解消して、創造性を鍛えようとしたのが、「ゆとり教育」だったはずですが、狙い通りにはならなかったのは周知の通りです。

そのように脳を上手に鍛えることができなかった人がいる一方で、旧来型の受験勉強をして、その後、海外のグラデュエートスクール（大学院）に行く人がいます。

ハーバードのビジネススクールに留学したとか、MIT（マサチューセッツ工科大学）に行ったような人をイメージしていただければわかると思いますが、彼らはそこで前頭葉を鍛える教育を受けるために社会的な成功もおさめやすいのです。また、側頭葉や頭頂葉をきちんと鍛えてきたために、現地で落ちこぼれるという話は聞いたことがありません。

こうした経歴の人たちが様々な分野で活躍し、成功しているのは当然というべきことでしょう。

しかし、そういう経験がないと、四十代以降になっても、側頭葉型、言語性IQを鍛えるだけの勉強、ただただ入力を中心とした勉強をしがちです。

実は、側頭葉機能というのは加齢では意外と劣化しないもので、八十代になっても古びないともいわれています。だとしたら、側頭葉型の勉強をやるよりは、多少なりとも数学的思考の訓練をやるとか、前頭葉型の多様な考え方、柔軟性を重視した勉強をやっていくほうが、定年前後の人にとってもよいでしょう。

†若いころは「正解は一つ」、定年後は「正解はいくつもある」になる！

側頭葉型の勉強法から前頭葉型の勉強法に変えるということは、わかりやすくいえば、若いころの「正解は一つという発想」から、定年前後世代では正解は一つではなく、「正解はいくつもある」という発想に変えるということです。

受験勉強とか、学校秀才型の勉強というのは、正解は一つというものでした。だから、その正解にたどりつくための知識をなるべく詰め込むという発想が必要とされました。

一方で、定年前後は前頭葉を鍛えるために、「ほかの可能性を考えてみる」「想定外のことに対応する」といった多様な答えを導き出すための勉強法に切り替える必要があるのです。

もちろん、多様な考え方を生み出すためには、それまでに脳内に入力されている情報（これがいわゆる知識）が重要で、その情報によって発想は左右されることはいうまでもありません。

一年前、英文学者で『思考の整理学』（ちくま文庫）などのベストセラーで知られる外山滋比古さんと雑誌の企画で対談したときに、外山さんが興味深いことをおっしゃっていました。

司会を務めた編集者が、「年齢を重ねても勉強することの意味をお聞きしたい」と質問したところ、外山さんは、

「大人になったら勉強をしてはダメなのだ」「頭に入れることより出すことのほうが大事だ」「図書館に行く年寄りなんか、どんどん老け込むだけだ」と答えたのです。昔よりも読書量をずっと減らして、気の合った仲間といろいろな知的な会話を増やす集まりを開いているようです。そのやりとりは次のようでした。

外山　子どもが文字を覚えるのならいざ知らず、今ごろになって、単に知識をインプットしても、そんなに楽しいものではありません。むしろ、自分で新しい考えや面白い思いつきがひらめいた時の方が、いくつになっても興奮します。

和田　そういう時こそ、まさに「前頭葉」が活発に動いている状態です。

外山　どうせ世の中のことに唯一の正しい解答なんてありません。思いつき程度でいいですから、恥ずかしがらず自らの考えを出せばいいんです。単に知識を記憶するときとはまったく違った頭の使い方が必要になります。(『文藝春秋』二〇一一年六月号)

まさに外山さんの話は、大人になってからの勉強は入力の割合を下げて、発想を広げていこうというものでした。

受験期までの勉強は、とにかく覚えることがたくさんあって、試験のときくらいしかアウトプットしないわけですから、入力九に対して出力一程度の割合でした。また、日本の場合は大学生の授業でも入力の割合がずっと高く、社会人になっても仕事を身に付ける段階では、インプットすることを求められます。

しかし、定年に近づくにつれて、学んだことを応用して、出力する仕事を増やしていくことが大切なはずです。重要なことなので繰り返しますが、受験勉強の延長線上で定年前後の勉強について考えてはいけないのです。

若いころの受験はコンテンツ、定年後はノウハウ

詰め込み型、入力型勉強から出力型勉強に切り替えていく。とはいえ、入力主体の勉強からの脱却はなかなか難しいのも事実です。というのも、「書斎の人」と呼ばれるような勉強好きなタイプが多いからです。

毎月、丸善であれ三省堂書店であれ、大型書店で月に五冊くらい本を買う律儀な五十代

はたくさんいます。また、図書館に行って、たくさんの本を読んで入力主体の勉強をしている人は多いでしょう。

序章でも述べましたように、勉強に対するポテンシャルは、今の定年前後の年代の人は非常に高いはずです。五十〜六十代前後の人ですと、私立大学を受験するにしても、数学を勉強する必要がありました。

今みたいに、数学をほとんど勉強しないで、早稲田・慶応に入り、大学生になっても分数が計算できないというようなことはなかったのです。また、昔は学校も厳しく、バシバシと赤点をつけましたから、現在のように基本ができないのに高校を卒業するということは、ありませんでした。

ただし、定年前後の世代は、受験競争が激しかった代わりに、コンテンツ学力ばかりが強調された世代ともいえます。コンテンツ学力とは、とにかく教師に言われた通りに勉強して、知識自体を身につけることを重視する考え方です。それに対して、覚えた内容より記憶術などやり方を身につけることを重視する考え方を私はノウハウ学力と呼んでいます。

若いときのままの入力型勉強でいると、いわゆる「知ることだけが知だ」と思ってしまいます。これでは、本を読んでいるだけで、アウトプットの訓練をしないために、本の内容を人に説明したり、批判的な感想を述べたりすることが下手なまま年齢を重ねてしまうでしょう。本を読んでいるわりに知的会話や知的発言ができない、文章が書けないということが起こりうるのです。つまり、あまりに実用性がないインプットが多すぎるのです。

しかし、実際の受験勉強などの入力型勉強には、知識というコンテンツを得るという側面だけでなく、コンテンツを得るためのノウハウを学ぶという側面もあることを忘れてはいけません。

コンテンツ学力が重要なタームを入力するインプット型の学力だとすれば、インプットされた知識の形を変えてアウトプットするか、アウトプットできなくてもそのコンテンツを学びとる過程を別のインプットにも活かすというのが、ノウハウ学力です。

たとえば「二次方程式を社会に出てから一度も使ったことがない。だからこうした勉強は意味がない」みたいなバカバカしいことをいう文化人もいますが、この二次方程式というのは単なるコンテンツの一部分に過ぎません。

たしかに、二次方程式自体は社会に出て使う人もいれば使わない人もいるでしょう。ただし、二次方程式は数学的思考というノウハウを身につけさせるための勉強のひとつに過ぎないのです。「数学的思考を社会に出てから一度も使ったことがない」などという人はいないはずです。二次方程式を理解する思考の過程が社会に出てからは重要なのです。

同様なことは、現代文についてもいえるでしょう。

私は社会に出てからほとんど小説を読んだことがありません。友人の小説家・林真理子さんの小説を読むくらいです。だからといって、学生時代に学んだ文学のひとつひとつが社会に出てから役に立たない、とは思っていません。

なぜなら、小説を読むという作業によって、「相手の心情を理解する」といったノウハウ学力を身につけ、現実に使っているからです。つまり、学生時代に現代文で小説を読むのは、小説の内容が役に立つからではなくて、心情読解などの思考力を身につけるためだったのです。

そのように考えると、大人になってもなぜ小説を読むのかという疑問が出てきます。大人になれば、心情読解などの思考力は十分に備わっている人が多いからです(もちろん、備わっていない人には意味があるかもしれません)。それにもかかわらず小説を読むのは、教養を深めるためであり、趣味や娯楽という意味合いで読んでいるのではないでしょうか。

つまり、教養、趣味といった形で、インプットしているに過ぎないのです。

だから、小説を読むことはそれほど定年後の勉強としては意味をなさないのかもしれま

学力は２種類に分けられる

コンテンツ学力

○重要なタームを入力するインプット型
○入力型勉強
↑
受験にのみ有効

ノウハウ学力

○いかに出力するか思考するアウトプット型
○出力型勉強
↑
定年後に有効（社会人にとっても必要）

せん（娯楽としての意味はありますが）。

もちろん、受験勉強でこの章の冒頭で示したようなノウハウ学力を身につけた人も少なからずいるでしょう。

そういった人は、大人になってからも、記憶力に関しては大事なときには復習しようとか、アウトプットするための訓練をしようとか、意識しながら勉強できるに違いありません。

「勉強が楽しい」「勉強が社会に出ても役に立つ」と考えている人はこういうノウハウ学力を身につけてい

るのです。

†入力型から出力型――「知ること」から「知的会話ができること」へ

以上のことをまとめると、定年前後の勉強法の重要なポイントは、多様な答えを導き出すアウトプット力にあり、その下地をつくるのがノウハウ学力ということになります。現実には、これまでの教育の不備もあって、アウトプットの力が足りない人は多いようです。

次にあげた例に心当たりがある人はいまからでもアウトプットを意識してください。

・結婚式などでまともなスピーチができない
・社内のプレゼンに必要なのにまともなレポートが書けない
・子どもになにかを説明しようとするとき論理的に説明することができない
・部下へのメールがうまく伝わっていない
・プレゼンやディベートで多くの場合負けてしまう

在職中にうまくできなかったことが、定年前後になっていきなりできるはずはありません。だからこそ、それを意識した勉強が求められるのです。

こうしたアウトプット力は今後ますます必要になります。これらを意識して勉強していけば、定年後、話が盛り上がる人だと評価されたり、人徳があると思われたり、存在するだけで落ち着くといった知の賢人として評価されたりして、他人が自分を魅力的と思って必要としてくれるようになるはずです。

そのためには、自分なりのポイントを見つけておくことが必要です。

自分の得意分野をひとつ見つけて、いつまでも勉強する意欲を持つことが大切になってきます。自分が興味を持った分野の知識をさらにアップロードしていくことは、知識のメンテナンスの意味からも重要です。次の章で紹介する記憶術はその文脈でも役に立つでしょう。

この章の最後に定年後の勉強がうまく回り出すと次のような効果が得られることを確認しておきます。

「自分にあった出力のための勉強をはじめる」
↓
「脳内の前頭葉が刺激される」
↓
「意欲が高まり前向きになる」
↓
「人々から尊敬される」

次の章では、勉強するうえでハードルのひとつになる記憶術に関して、その仕組みとともに解説していきます。

それぞれの世代には、
それぞれの方法がある！

受験世代のためのメソッド

○受験勉強には明確な締め切りがある
○時間の密度を上げる
　→「やった時間よりやった量が大事だ」
○記憶術
　→「やった量より頭に残した量」「復習が大事だ」
○アウトプットのトレーニング
　→「アウトプットの訓練が大事」

定年後世代のためのメソッド

○定年後は「正解はいくつもある」になる
○前頭葉を鍛える
　→多様な正解が出せるノウハウ学力を身に付ける
○記憶術
　→第二章で解説
○アウトプットのトレーニング
　→第三章で解説

第二章

定年後の記憶術

「定年前後の勉強」の二つのアプローチ

この章からは、定年前後の勉強法を具体的に考えていきたいと思います。

まずは、方法論を考える際に、定年前後の勉強には二つの側面があることを確認しておきます。

ひとつは、記憶力や意欲や思考力など様々な能力のハンディを埋めるための勉強や、資格試験などを受けて自分の価値を高めるための勉強です。こちらは実用的な側面が強いです。老化予防でもありますが、どちらかというと生き残るための「若者に負けないための勉強法」です。

もうひとつが、枠にとらわれず、年齢を重ねても、ほかの人に敬われる、面白いと思われたいという「知の賢人」「哲学者」を目指し「若い人とは異なる能力をみがく勉強法」です。ひとつ目の勉強法は実用的な側面が強いですが、こちらはより趣味的な側面が強いです。

定年後の勉強法には、二つのアプローチがある！

①試験や仕事で「若者に負けないための勉強法」

→【第二章】記憶術
能力をどう保っていくかなど
【第四章】
知の賢人の四つの成功パターン

②「知の賢人」「哲学者」を目指し、「若い人とは異なる能力をみがく勉強法」

→【第三章】思考術
【第四章】知の賢人の四つの成功パターン

この二つのどちらを目指すかによって、方法論は大きく異なります。この章はひとつ目の「若者に負けないための勉強法」に関する方法論について言及していきます。なぜ、この章は「記憶術」と銘打っているかといえば「若者に負けないための勉強法」で論じるべき中心が「記憶術」だからです。

もうひとつの「知の賢人」「老哲学者」を目指し「若い人とは異なる能力をみがく勉強法」に関しては、定年前後からの勉強によって目指すべき知の賢人の四つの成功パターン（詳細は第四章）があります。

・これまでの経験を活かしたコンサルタント系賢人
・臨床心理士や整体師など新しい領域に挑戦する健康系賢人
・文化を再評価する宗教・歴史系賢人
・隠れていた才能を発揮させるアーティスト（映画監督、小説家）系賢人

こうした知の賢人となるためには、思考力を鍛える必要があります。思考力を鍛える方法に関しては第三章で詳しく検討します（ただし、読者が目指すべき知の賢人によっては、

入学試験、資格試験の合格が必要な場合もあり、その場合には本章で論じる記憶術も重要な要素になってきます)。

「若者に負けない」ために必要な能力はどのようなものでしょうか。検討すべき能力は、体力、知能(言語性IQ、動作性IQのような一般的知能)、記憶力の三つです。仕事や資格試験の受験でこうした能力で若者に負けないためには若者と同レベルを維持しておく必要があります。もし、四十~五十代になったときに、衰えていく能力があったとすれば、その能力をどう保っていくかという話になります。

たしかに、年齢を重ねれば重ねるほどいろいろな能力が衰えていきます。まず、体力はどうでしょうか。体力に関しては、大病さえしなければ、基本的な体力は七〇歳前後までは保てることが諸調査で明らかにされています。

知能に関しては次の小金井研究と呼ばれる興味深い追跡調査があります。

東京都小金井市で、正常老化の高齢者に対する知能テストを行われました。小金井市は東京のベッドタウンで、比較的知的レベルの高い人たちが住む町だということで選ばれたようです。平均年齢は七〇歳ぐらいで始めてから一五年間、知能に関するテスト(言語性IQ、動作性IQ)のフォローアップを行っています。

語彙や単語力、理解力、普通の計算問題、類似性を問う言語性ＩＱテストや、パズル的な問題を解く動作性ＩＱテストを実施した際、小金井研究の結果では、七三歳時で言語性ＩＱも動作性ＩＱも、どちらも一〇〇を超えていました。つまり七十代前半までは若い人と遜色ない数値が結果として現われたのです。

また、生きている方の平均値をとってみると、言語性ＩＱは、だいたい七三歳から一〇年後では、むしろ上がっていることもわかりました。亡くなった方が除外されるという影響もあるためでしょう。

一方で、パズル的な問題を解く動作性ＩＱについては、その数値は多少落ちてきますが、落ちてくるのは七十代中盤以降からなので、七〇歳の時点ではまだ保たれていると考えることができます。

つまり、定年前後世代で、加齢のために心配する必要がある能力は言語性ＩＱ、動作性ＩＱといった知能ではないのです。

問題は記憶力です。年齢を重ねるにつれて出てくる知的な第一の問題は、記憶し、それを想起する力の衰えなのです。

「若者に負けないための勉強法」の中心は記憶力である

それでは記憶力に関して考えてみます。

基本的な能力として、年齢とともに記憶力は衰えると言われています。たしかに、老年医学に関わってきた私の実感としても、記憶力は若いときと比べると衰えるのは事実です。ただ、記憶力といっても、いくつかの段階が存在しており、年齢によってどの段階が衰えるかということを精緻にみていく必要があります。そうしないと、どこをどのように鍛えてよいかわからず、むやみやたらにいわゆる「脳トレ」、脳トレーニングなどに時間を費やしてしまい、いわゆる知的能力は大してあがらないからです。

記憶といっても様々な記憶があります。もっとも基礎的な「手続き記憶」から、段々と高度に「プライミング記憶」「意味記憶」「短期記憶」「エピソード記憶」と様々あります。

「手続き記憶」とは、箸の使い方、トイレの使い方、ボールの投げ方など幼少期に一度記憶した行動（手続き）、身体で覚えた行動を大人になっても記憶していることです。

公衆トイレの色は、男性用は青、女性用は赤の案内プレートが使われているといった社会的な常識は、一度記憶してしまえば、普段意識しなくても、記憶に刷り込まれています。こういった記憶を「プライミング記憶」といいます。

「意味記憶」とは、いわゆる知識のことです。脳の中に辞書を作るための記憶で、意味を記憶することから意味記憶と呼ばれます。多くは丸暗記で記憶されます。また、意味記憶は抽象的にその知識を記憶するために、その記憶を得た状況を思い出すことができないことが多いです。いつ、どこで覚えたのかを思い出せないのです。たとえば「箸」「トイレ」「ボール」という言葉を覚えたシーンを記憶している人はいないでしょう。

一方、いつ、どこで覚えたのかを思い出せる記憶が「エピソード記憶」です。

「エピソード記憶」とは理解（体験）をともなってある事柄を覚えることです。たとえば、計算問題を自分で解き、その解法を覚えたときのことを「その勉強は学校の図書室でやっていたな」とか、家族で初めて旅行へ行ったときのことを「子どもの面倒を見るのがたいへんだった。まだ子どもが小さかったな」などとエピソードという形で覚えているでしょう。その記憶を思い出すとき、それが起こった時のストーリー、実感も同様に思い出すのです。

一般的に「記憶力」と表現されるときには、意味記憶か、エピソード記憶を指します。実は、これまで紹介した「手続き記憶」から、「プライミング記憶」「意味記憶」「エピソード記憶」は「長期記憶」という分類になります。こうした記憶に分類されれば忘れることはそうそうありません。

一方で忘れることが前提とされているのが「短期記憶」です。心理学的な厳密な意味でいう「短期記憶」は保持されている期間が三〇秒から長くても数分程度で、それを過ぎると忘れてしまうというものです。この「短期記憶」は電話番号などを覚える際に使われます。初めてかけようとする電話番号は、短期記憶で覚えますが、何度も電話をかけている相手ですと、繰り返し電話番号を記憶（短期記憶）するため、やがて長期記憶になっていきます。

生まれたばかりの子どもは「手続き記憶」から発達し、「プライミング記憶」「意味記憶」「短期記憶」と経て、徐々に「エピソード記憶」ができるようになっていきます。反対に、年齢を重ねると、「エピソード記憶」の能力から失われがちだといわれています。幼少期の記憶は多くの人がありませんが、それは「エピソード記憶」がまだ十分に機能していなかったためなのです。

†定年前後の記憶力では「想起」がポイント

様々な記憶の種類を紹介しましたが、記憶のなかでも、より上位のレベルである意味記憶とエピソード記憶が重要です。意味記憶とエピソード記憶に関しては、その記憶方法は実は次のような三ステップに分かれています。

①入力段階の「記銘」
↓
②長い期間覚える「保持」
↓
③出力段階の「想起」

まず「記銘」とは、入力（インプット）段階のことです。人から電話番号を聞いたときにその数字を覚えておこうとします。それは通常、短期記憶として扱われるため、その記憶は必要がなくなれば消去されます。

POINT ！

記憶の種類

○手続き記憶
○プライミング記憶
○長期記憶（意味記憶、エピソード記憶）

＊下にいくほど高度な記憶となっていく

記憶には三つのステップがある

①入力段階の「記銘」
↓
②長い期間覚える「保持」
↓
③出力段階の「想起」

ただし、重要な取引先や親しい人の電話番号であれば、頻繁にその番号を目にする（電話番号を短期記憶する）ので、その入力作業「記銘」が繰り返されて、やがて長期記憶となって、第二ステップの保持段階へと移っていきます。

……と今、解説したような手順を踏むのは、「記銘」力が低い人で、「記銘」力が高ければ、電話番号を一度見れば、すぐに覚えてしまい、なかなか忘れません。こうした人は「意味記憶」、つまり丸暗記力が発達しているのです。一度会った人の名前や、一度だけ聞いた講義の内容などをよく覚えている人は何歳になってもいるでしょう。ただし、この丸暗記力は子どもの頃が一番高く、すでに大学受験時ですら、丸暗記力がかなり落ちていることが多いのです。

ですから、定年前後に資格試験の勉強などをする際、学生時代と同じように丸暗記法で覚えようとしても、なかなか覚えられません。丸暗記自体は、定年前後年代には向いていないのです。ただし、その年代に記銘力自体が著しく衰えるということはありません。新しいことを学んだり覚えたりする能力というのは、それほど衰えるものではないのです。

もし記銘力が著しく衰えるとすれば、病的なものを想定する必要があります。

たとえば、記銘力に障害が生じる認知症の人は、五分前に「明日の用事は何時からか？」と聞いても、そのことを忘れてしまいます。「今晩のおかずは何か？」と質問をして、「今日はサンマよ」と答えがあったにもかかわらず、五分後に再び「今晩のおかずは何か？」と聞いてしまうのです。

しかし、年齢を重ねただけの人であればこうはなりません。記銘力そのものが衰えて、五分前のことも忘れてしまうことはないのです。よく年齢を重ねると記憶力が落ちてきて、日常的なもの忘れや置き忘れのような現象が起きます。しかし、多くの場合は、この現象は記銘力の低下を表すものではなく、その後のステップである「保持」または「想起」の問題なのです。

次に記憶の第二ステップである「保持」について簡単に説明しましょう。

「保持」とは入力した記憶を必要なときまで覚えておく記憶の貯蔵能力のことです。たとえば、講義のときに入力した記憶を試験のときまで覚えておけるかどうかというものです。

たしかに、年齢を重ねると、この保持の能力は多少衰えるかもしれません。「前だったら昨日のことは忘れなかったのに、今は、昨日のことをわりと忘れるようになった」「昨日、何を食べたか思い出せない」「この前の旅行はどこに行ったか思い出せない」などといった具合です。

第三ステップは「想起」です。

この「想起」というのは、保持された記憶を思い起こして、出力（アウトプット）することです。

年齢を重ねれば重ねるほど、人と会ったときにその人の名前が出てこないとか、昨日読んだ本の話をしたいのに、なかなかその本のタイトルが出てこないということが多くなります。

覚えていないわけではないので、その時には思い出せなくても、ふとある時に何らかの拍子で思い出すことがあります。このように年齢を重ねると、なんらかの形で記憶に書き込めているのに、うまく引き出せなくなってしまうことは往々にしてあります。

最近の研究では、人間の脳はこれまで考えられてきた以上にかなりのキャパシティがあり、「覚えられない」とか「記憶力が悪くなった」という場合、多くはこの「想起」の問題だといわれています。

想起に関しても、様々な研究が行われており、重要な手掛かりを与えられれば想起しやすくなったり、場所や状況によって想起しやすさも変わってくることがわかってきています。

学生や若いときには、入力と保持、つまりインプットされた知識量が勝負になるのですが、ある程度の経験を積んだ社会人の場合、想起が勝負の重要なポイントになってくるのです。そう考えると、定年前後における実用的な記憶力というのは、実は想起力といっても差支えないでしょう。

では、記憶の三ステップをどう高めていくべきかを考えてみましょう。

丸暗記では勝てない若者に対抗するために理解力を活かす

記憶の三ステップの最初の「記銘」、つまり「入力」について詳細に考えてみましょう。たとえば、初めてある言葉を学んだとします。かりに、ここで出てきた「記銘」という言葉をあなたが初めてこの本で知ったとしましょう。そこで、「第一ステップ、インプット段階は『記銘』だ」と覚えます。

このように覚えると、言葉と意味を脳のなかの辞書に書き込み、記憶することから意味記憶として入力されます。これは、丸暗記力が必要ですので、若者のほうが優れています。

かりに、若者であれば「記銘」どころか、第二ステップの「保持」、第三ステップの「想起」という言葉と意味まで丸暗記できるかもしれません。

しかし、定年前後世代は、そこまで丸暗記は期待できなくなっています。丸暗記力は十代のころを頂点にして低下していくからです。

その代わりに、意識すべきなのがエピソード記憶です。エピソード記憶とは意味記憶に対して、理解（体験）をともなってある事柄を覚えることで、その記憶を思い出すとき、それが起こった時の実感も同様に思い出します。

たとえば、自分で計算問題を解き、その解法を覚えるときや、何らかの仕事を何度も繰り返し行い体で覚えるとき、意味記憶とは異なった形で入力され、実感を持って記憶されます。

ここで出てきた「記銘」という言葉をあなたが覚えようとしたとして、別の角度から、この本の「記銘」について書かれたページを読み返したり、覚えた内容を人に話したりすることで、理解して記憶しようとする。これがエピソード記憶です。

†外国語を丸暗記するか（意味記憶）、理解をして覚えるか（エピソード記憶）

POINT ！

第一ステップ　記銘

○意味記憶
脳の中に辞書を作るために記憶する
↑
若い人のほうがすぐれている

○エピソード記憶
理解や体験を伴い、記憶する
↑
定年前後はこちらを重視すべき

意味記憶とエピソード記憶の違いをあらわすわかりやすいエピソードがあります。

それは子どもと大人の英語の覚え方の違いです。

私が留学中の話ですが、別の留学生のまだ三歳の子どもが私のところにやってきて、「What are you doing?」と私に質問してきたことがありました。「What are you doing?」というのは、疑問詞で始まるし、「ing」で終わるような文章ですから、日本でいえば、だいたい中二〜中三レベルの英文です。

でも、その三歳の子どもが「What are you doing?」を覚えているのは、文法と単語を組み合わせて覚えているわけではありません。文章を丸ごと覚えているのです。

つまり、子どもは、意味記憶として、文章を丸暗記しているのです。しかも、丸暗記であれば、イントネーションもそのまま覚えますから、英語ネイティブの外国人にも通じやすいのです。

一方で、大人は英文を丸ごと覚える能力が低下しています。また、英文は丸ごと覚えるものだという教育も日本では行われていません。日本では、ひとつひとつの単語を文法でつなげる構造を覚えていくことで、英語を学習します（いってみれば単語、文法のエピソード記憶を駆使しています）。大人が英語を学んでも会話ができないということの背景にはこういった事情があるのです。

私の場合を振り返っても、英語や世界史を丸暗記しようとすると、全然うまくいきませんでした。しかし、理解して覚えるという形（エピソード記憶）は得意でした。数学の答えを覚えるみたいに、理解を意識して覚えるのは得意だったのです。そこで英語はなるべく文章を読んで、エピソード記憶として単語を覚えるようにしましたし、数学のほうは解法パターンを理解しながら覚えるようにしました。意識することによって、どちらの科目も相当な得意科目になったのです。

「理解をすれば覚えられる」の代表的なエピソードとしては、歌の歌詞を挙げることができます。定年前後世代が今の若者向けの歌詞を覚えることができなくても、ニューミュージックの歌詞は覚えることができるのはなぜでしょうか。

歌詞とはいえ、若者向けの曲は若者用語で聞き取りにくく覚えにくいものです。若者の間で流行っている曲の歌詞は、一辺倒な恋愛についてのものだったり、単純に夢を語るようなものだったりするので、若者以外は共感しにくいので、覚えにくいのです。

その一方で、私の年代であればニューミュージック、「やはり小田和正はいいことを言うな」とか「ユーミンはいいね」とか共感を覚えながら聞いたり歌ったりすると、たとえ新曲であったとしても覚えることができます。私よりもかなり年上の世代であれば、ニューミュージックよりも、人生の悲哀などを歌った演歌などで「これはいいねぇ」と思える曲は、いずれ覚えて歌うことができるようになります。

つまり、歌詞に共感できて、理解できる場合には覚えることが簡単になるのです。

さらに、エピソード記憶に必要な理解力は、実は、若いころよりも年齢を重ねたときのほうが確実に上がっている点を見逃してはいけません。というのも、人間は知識や経験が増えれば増えるほど、理解力が良くなるからです。

たとえば、二十代に読んでよくわからなかった本の内容が、年齢を重ねることによってよくわかるようになるといった経験をした人は多いでしょう。勉強をろくすっぽしてこなかったとか、ほとんど頭を使わない生活を送っていれば理解力が落ちることもありますが、普通に仕事をしていたり、普通に会話していたりすれば、理解力は当然、年齢を重ねれば重ねるほど良くなります。

私も四〇歳を過ぎた頃、これから記憶力は落ちる一方だと思っていました。しかし、脳科学の研究が進んで、実はまだまだ神経細胞が増える可能性があること、頭の使い方しだいでは記憶力が保たれるということがわかり、普段から物事をしっかり理解することで覚えるように心掛けました。

†注意（興味）と集中力——高い集中力を必要とする勉強は中高年には向いていない

これまでの研究から分かってきたのは、この最初の「記銘」、入力段階をよくするためには理解（comprehension）と注意（attention）を改善する必要があるということです。

まずは、「理解」、理解したことは覚えやすいし、理解してないことは覚えにくいというのは脳の特性から生じるもので、年齢に限らず同じです。だからこそ定年前後世代は理解があってこその記憶だと考える必要があります。

さらに、記憶の入力段階をよくするための手段として、注意があります。人間は注意が向いたものは覚えられますが、注意が向いてないものを覚えることはとても難しいのです。いくら重要なことでも、注意が向いていないために、内容を覚えてないといったことはよくあります。伝えた側はしっかりと話したつもりでも、聞いている側は注意が向いていないから覚えていないなんてことが起きるのはこのためです。

もし、注意が向いていて聞いていたのであれば、記憶が抜け落ちるということはなかなかありません。そして、この注意が自然と対象に向く状態のことを興味（interest）といいます。

つまり、人間は興味のあることは覚えられるのです。

たとえば、私はワインが好きなので、ワインには興味があり、自然と注意が向きます。そのため、ワインの名前は記憶に残りやすいのです。受験勉強のときには丸暗記が苦手で、世界史のカタカナの人名が覚えられなかったのに比べれば、同じカタカナ表記でも、ワインの名前は平気で覚えられます。

また、サッカーが好きな人であれば、外国のサッカー選手の名前は、覚える意識がなくても自然に記憶に残るでしょう。聞きなれない名前が多いアルゼンチンの代表選手の名でもすらすら出てきたりするのはこういった理由があります。

ところが、興味がない人からは、「ワインの名前なんてよく覚えられますね」「どうやってサッカー選手の名前を覚えるのですか?」という質問が出てきます。しかし、これはとても単純なことです。質問する人は興味がないから覚えられないだけなのです。

それでも、注意が向かないものに対しても、なんとかして注意を向けて覚えなければならないこともあります。

たとえば、受験勉強がそれです。

こうした注意が向かないものに注意を向けるためには「集中(concentration)」する必要があります。ただし、定年前後の世代では集中の時間は長くは続きません。受験生でさえ何カ月、何年も集中力を高い状態に維持しておくのは無理な話です。

そこで重要なのは「集中力が落ちるコンディション」を避けるということです。

年齢を重ねると集中力が落ちると一般的に言われますが、たしかに、七十代後半から、八十代になってくると、起きているのに寝ているときに近い脳波になります。しかし、その年齢までは自然に集中力が落ちることはありません。ではどのようなときに集中力が落

POINT ！

①注意が向いたものは覚えられる
↓
自然に注意が向く状態
「興味」

②注意が向いていないものは覚えられない
↓
注意が向かないものに注意を向けること
「集中」

ちるのでしょうか。

まず、不安なコンディションのとき集中力は落ちます。

自分に何か不安なことがあるとき、たとえば「家庭がうまくいっていない」とか、「会社をクビになるんじゃないか」などと思っているときは、人から聞いた話をすっかり忘れてしまうことがあります。不安なことで頭がいっぱいになり、大切な情報が遮断されるからそのようなことが起こるのです。

また、生理学的なコンディションも重要です。たとえば、睡眠不足のとき、あるいは空腹のとき（血中のブドウ糖の濃度が下がっているとき）は集中力が落ちやすいです。

他に、酒の飲みすぎ、精神安定剤の飲みすぎなどでは、集中のレベルが大幅に下がるとされています。精神安定剤というのは、注意のレベルを下げることで、不安のテンションも下げるので、その薬が効いている間は、同時に記憶力も低下してしまいます。

†集中しすぎも問題がある

一方で、定年前後の勉強であれば、できるだけ、集中力を重視した勉強法は避けたほうがよいともいえます。

一カ月も二カ月も集中力が高い状態が仮に続いたとしたら、それこそ定年前後世代であれば神経がピリピリ張るためにうつ病や高血圧などの原因になりかねません。ですから、前述のように、高い集中力を維持するというより、継続できるレベルで集中力を落とさないことが大事になってきます。

もちろん、「明日がテスト」といった場合は、集中力が勝負なのですが、長丁場の勉強をするときに、集中力を高めるという発想はしません。普段の集中力を持っていればいいのです。気もそぞろの状態になってその場をおろそかにするようなことがなければ大丈夫だと考えればよいのです。

それよりも、注意を向けるといったとき、気をつけたほうがよいのは「情報の遮断」です。情報を遮断することで、どんなことにも注意を向けなくなるのです。

たとえば、奥さんが喋っていることをちゃんと聞けない、部下の話をちゃんと聞けないという時、「つまらない」「そんなことはわかっている」と遮断していないでしょうか。長い間生きていると、知っていることが多くなり、どこかで聞いたことがあるような話だとか、どこかで見たことがあるような話が増えていくので、興味がわかなくなるどころか、注意すらも払わなくなります。

集中できることが少なくなる定年前後の人たちにとって、様々なことに注意を向けるのは簡単なことではありません。しかし、遮断してしまっては新しい情報を得ることはできません。どういった場であっても、ある程度の注意を向けることが新たな出会いを生むのです。これは、第三章以降で考えていく、自分の人生を充実させて、知の賢人となるための勉強法ともつながっています。ですから、様々なことに注意を向けることは意識していただければと思います。

当然、脳の性質から考えても、すべてのことに対して、集中して注意を向けることは難しいでしょう。そうであれば、せめてこの場所ではしっかりと話を聞こう、この本については何が書いてあるのかを読みとろうという態度の使い分けを意識することが大切でしょう。

以上のことから、「記銘（入力）」でのポイントは次のようになります。

(1) 試験や仕事で「若者に負けないための勉強法」

エピソード記憶を意識して理解すること。自分が興味を持つことができる（自然に注意が向く、集中力が落ちにくい）内容を勉強することが重要になってくる。

資格試験を受けるにしても、科目が選びやすい資格試験ならば、自分の興味のある科目を選ぶようにする。

「つまらない」「そんなことはわかっている」などと中高年特有の「情報の遮断」を働かさないようにする。

若者に負けないためには復習がポイント

記憶の第二ステップである保持とは、記銘（入力）した記憶を必要なときまで覚えておく貯蔵能力のことです。「来週の試験まで歴史の年表を覚える」といった短い期間ではなく、長い期間覚えていくために必要なものです。たとえば、講義のときに入力した記憶を試験のときまで覚えておけるかどうかということです。

年齢を重ねるにつれて、若いときほど保持ができなくなるのはたしかです。ただし、この保持ができなくなったという人の話を聞いてみると、ある行為を忘れてしまった人が多いことに気がつきます。その行為とは「復習」です。

若い頃は記憶力がすごく良かった人の場合、「受験勉強のころには覚えられた単語が覚えられなくなってしまった。記憶力が衰えている」ということがあります。実は、その人は、受験勉強の時にはしっかりと復習したり、ノートを何度も見返すという行為をして「保持」の努力をしていた可能性があります。大人になり定年前後まで年齢を重ねてくると、復習などの「保持」の努力をろくにしていないことが往々にしてあります。

ただ、「記憶力が良かったから、俺は一流大学に受かった」などというイメージだけが残っていて、「復習」していたことを忘れてしまうために、記憶の保持ができなくなると「記憶力が悪くなった」と言い出しているに過ぎないのです。

ただ単に復習しなくなったために保持ができなくなっているだけなのかもしれません。

そのため、受験時代と同じくらいの復習の努力をすれば、五十〜六十代でも、同様の力を発揮できる可能性は結構あります。皮肉なことに、「記憶のためには復習が大事だ」ということを忘れてしまった人は多いのです。また、あることを覚えておくのに、それほど時間をかけずにおこなうことができる復習はとても効率がよい作業です。

中高年になって、本をものすごく読んでいるのに、同じ本を二度と開くことなく、「なかなか身に付かない」などと嘆く人はたくさんいるに違いありません。

中高年以降でも本気で勉強したいのであれば、「一回では覚えられない」という当たり前のことを思い出して、本一冊読むときに、一回目はとりあえず大切そうなページに付箋を貼るために読む。そして二回目は、付箋を貼ったところだけでも復習する。こういったプロセスを踏むことで、本に書かれている重要なことが記憶としてインプットされて、保持（貯蔵）されるのです。

旅行へ行って、目の前の出来事、景色などをはっきりと覚えていることがあるでしょう。旅行先で起きたちょっとした事件や会話などをあわせて、出来事や風景を記憶しているからです。その旅行が、恋人や家族のような大切な人といったのであれば、より強烈な「体験」「エピソード」として記憶されます。なぜ、長期的に保持できるのかといえば、こうした行為は何度も思い出すからです。こうした行為は何度も思い出すことで、記憶のなかに意識的に書き込まれていきます。

意識的に復習しなくても、大切な人とあったときにその思い出を話したりすれば、自然と復習と同じような効果があらわれるのです。

つまり、この何度も思い出すことが「復習」なのです。何度も思い返すことで、いうなれば、「ある人との思い出」というフォルダのようなものが脳内に作られて、そこに書き込まれていくことになります。

†奥のほうの記憶は取り出しづらい

記憶が書き込まれていく際、記憶を記銘（入力）すればするほど、前の記憶はどんどん記憶の奥のほうへと入り込んでしまうという習性があります。このために、新たなことを覚えると、以前の情報を忘れてしまうことを逆向抑制といいます。

たとえば、つらい過去の経験があっても、その後、いろいろな良い経験をしていくうちに自然と忘れていったり（思い出さなくなる）、誤った情報を記憶してしまっても、その後、正しい情報を得たときに迅速にそちらに適応していったり、記憶はどんどん上乗せされていきます。

しかし、勉強法という観点から考えると、これは厄介です。なにしろ、一度、保持（貯蔵）した記憶がどこか奥のほうに入ってしまい、なかなか出力ができなくなってしまうからです。また、類似性のあることを覚えたとすると、以前に覚えた内容との違いがあいまいになる記憶の干渉も起こります。

人間の脳は私たちが考えている以上に、意識しなくても記憶がどんどん書き込まれていきます。実は、この逆向抑制への対策として重要なのは、やはり復習なのです。

復習とは一度脳内で記銘された記憶を再び思い出し、保持（貯蔵）しておきたい記憶を上書きするという作用をもちます。パソコンで、更新日時が最新の日時に変わり、情報を引き出しやすくなることをイメージしてもらえばわかりやすいでしょう。

これらの復習の大切さは、忘却曲線で有名な心理学者・エビングハウスによって研究されていました。その研究によれば、記憶の保持期間は一ヵ月程度。それ以上の間隔をあけて復習をするとあまり効果がないようです。

そこから見ると、「保持（貯蔵）」でのポイントは、これからの勉強法に次のようにあてはめることができます。

(一) 試験や仕事で「若者に負けないための勉強法」

結局、復習に尽きると言える。たとえば、受験勉強のときは復習が肝心だった。新入社員のときは、わからないこと、覚えられないことは、やはり復習をした。資格試験の勉強だろうが何であろうが、若い頃と比べて復習が足りないのだ。

若い頃と同じように、生活の優先順位のいちばんに勉強（もちろん復習も含む）をもってきて復習を意識すれば、いわゆる試験勉強的な学習に必要な保持（貯蔵）能力はまだまだある。

もっとも意識して鍛えるべき「想起」

記憶の第三ステップは、記銘（入力）→保持（貯蔵）と来て、「想起（出力）」です。保持された記憶を思い起こして、出力（アウトプット）することです。前述したように、最近の研究では、「覚えられない」とか「記憶力が悪くなった」という場合、多くはこの「想起」の問題だといわれています。

記憶として貯めこまれている情報を思い出そうとしてなかなか思いだせない「想起の失敗」は定年前後世代の誰もが経験したことでしょう。特に年齢を重ねてくると、もの忘れやし忘れが多くなったと感じるようです。

とくに、何時に何かをしなくてはいけないとか、誰かに伝えなければいけない内容を想起できないといった時に大きな問題となります。

想起するうえで重要なのは想起しやすい環境をつくること、また想起せずともその事象に注意が向くような仕組みを作っておくことです。こうした仕組みは記憶を保持するとき

（記憶の第二ステップ）でも効果を発揮するので是非とも試していただければと思います。

単純な例はメモをとることです。忘れてはいけないことを簡単にでもメモしておけば、それを見た瞬間、メモに書かれたことに関連する記憶は想起しやすくなります。誰かに連絡しなければいけないが、いまは忙しくてできそうにないとき、その名前だけでも手帳に記しておくことなどは有効です。

また、繰り返して記憶すれば、脳の情報の中で優先順位が高い位置にその情報が置かれるため、思い出しやすくなるのです。

お店で買い物をするとき、その店の常連になると、支払がクレジットカードだと名前を覚えてもらっていたりすることがありますが、それも店員がその客を見るとクレジットカードに書かれている名前を想起できるように、カードの名前を読み返したりしているからです。

こうしたことはビジネスの現場、名刺交換の際に行っていることでもあります。ただ名刺をもらいっぱなしにしていては、名前と顔を一致させることは難しいですが、眼鏡をかけているとか、あごにホクロがあるとか特徴を名刺に記入しておけば、それが手がかりになって、その人の顔を見た時に名前が想起される可能性があがるでしょう。

次に（記銘・保持にも関連しますが）想起する上では大切なコツを紹介します。

・思い出すことの手がかりを多くして覚える

入力するときに理解して覚える方が記憶に残りやすいと述べてきましたが、同時に他の多くの情報をプラスして覚えておいたほうがその情報は思い出しやすくなります。歴史の年号を語呂合わせで覚えるのと同じです。一見すると余計な情報を覚えているように思えますが、いろんな情報に紐付けされるために思い出しやすくなるのです。

・意味もあわせて覚えておく

漢字や熟語を覚える際、ただそのまま覚えておくよりも、この部首はこういったときに使われるもので、この字はこういった意味だから、この形になっているのだというように、ただの記号であるものでも、意味があるものは一緒に覚えておきます。

・イメージをもって覚える

記憶しなければいけないことを、画像をイメージ（映像化）して覚えておくと、ちょっとしたことからでも記憶を引き出しやすくなります。

このように想起で失敗しないためには、想起する上での環境を整えておくことがもっとも重要です。つまり、記銘・保持する段階で、想起を意識しておくことが求められるのです。

ただし、これでも万全ではありません。記憶力では想起ができていても、本人の出力のレベルが低いために、うまく相手に伝えられない（出力ができない）という問題があるからです。

第一線で活躍できる人は、出力を前提にして記憶することができています。

これは第一章で述べた受験勉強についてもあてはまります。受験勉強では記銘して保持するために復習を丹念にやっていても、「想起」の訓練をやらないことが多いのです。これではマークシート試験ならまだしも、論述試験などでは断片的な知識だけだと想起するための材料としては荒いものになるので、「想起」の訓練をやっていないと、問題は解けません。

役者さんが長いセリフを覚える際にも、同じように出力することをイメージしてセリフを記憶しているようです。撮影本番の時には、ただセリフを話すだけでなく、演技も必要ですので、その演技と合わせてセリフを覚えることで想起しやすくしているのです。

また、想起しやすい環境をつくるために、想起に慣れておく必要もあります。

試験であれば、模試を何度もこなして、思い出すという環境に慣れておくことができます。覚えなければいけないスピーチであれば、何度も繰り返すだけでなく、観衆役をたてて人前で話すことでプレッシャーがなくなり、想起しやすくなります。

知識はため込んでいるだけでは、若い人から認められることはありません。その知識を出力させる必要があるのです。様々な知識を想起させ、プレゼンやスピーチなどに活かすことが求められます。

その出力の上手さ下手さが大事なのです。

この想起（出力）は、あまり開発されていない領域です。一般的な知識があるのに、上手にアウトプットができない。それは学校や社会でアウトプットの実践練習をしなかったために、想起（出力）が十分にできていないのです。

昔は、中高年になると寡黙な人のほうが賢いと思われていました。たとえば、いつも本を読んでいて、多くを喋らないほうが賢いとされてきました。ところが、寡黙な人は口を開いてみてもあまり面白い話ができないことが多いのです。

今は出力、アウトプットができたほうが、若い人からも尊敬されます。

というのも、現実の社会では、情報へのアクセスが簡単になればなるほど、知識、すなわち脳内にインプットされた情報が多い人よりも、その分野について実用性の高い情報がインプットされている人の方が有利になります。つまり、情報を読み取るためのリテラシーとそのための基礎知識が重要なのです。

たとえば、誰でも医学情報にアクセスできる時代になりました。これまでは大学に在籍していなければ得ることのできなかった情報を、家にいても手に入れることができるようになり、ある程度知識があれば、市井の学者になれる可能性だってあります。しかしいくら医学情報にアクセスできてもある程度医学的な知識がないと、その医学情報を読み込めず、付加価値を生み出すことはできません。

知識の量ではなく、それをもとにした価値創造のほうが求められ、それは年齢を重ねるにしたがって増します。年齢を重ねることが有利になっても、不利になることはないのです。

頭の中にどれだけの知識が詰め込まれているかではなく、その多寡にかかわらず、どれだけのことを外に出せるか、つまり、入力された知識の量よりも想起できる量が大切になるのです。

試験や仕事で「若者に負けないための勉強法」を考えている人、「知の賢人」「老哲学者」を目指し「若い人とは異なる能力をみがく勉強法」を考えている人、ともに、「想起力を高めること」が大事になってきます。

そのように考えると、「想起」、つまり「出力」でのポイントは、これからの勉強法に次のようにあてはめることができます。

(一) 試験や仕事で「若者に負けないための勉強法」

記憶を想起するためには、想起しやすい環境を整えたり、いろいろなことに結びつけて関係ないことでも記憶しておくことが重要となる。記憶の想起ができるようになれば、アウトプットの結果としての想起にもよい影響をあたえる。

次の章では、定年前後の勉強法に必要なもう一つの能力、思考力を検討しましょう。

第三章

定年後の思考術

「若い人とは異なる能力をみがく勉強法」のために

第二章の冒頭で、勉強の側面を二つ提示しました。

ひとつは「若者に負けないための勉強法」です。その中心は記憶力であり、記憶の特性を知り、どうすれば若者に劣らない記憶力を作り上げられるかを第二章で解説してきました。

この章ではもうひとつの「知の賢人」「老哲学者」を目指し「若い人とは異なる能力をみがく勉強法」を解説します。ここでは、思考力が重要なキーワードになってきます。

実はこの思考力に問題がある人が多いのです。なぜなら多くの日本人は十分に思考していないからです。これは定年前後の人たちに限定する話ではないかもしれませんが、いまの日本では、単純な結果や安直な結論を求める風潮があります。物事をなんでもワンフレーズでまとめようとするのです。

こうしたことは、テレビをつけると、一目瞭然です。タレントがどうでもいいことをしゃべり、その一部をわかりやすくテロップで示すというやり方はその典型といえます。

このような傾向が続けば、丁寧に思考したり、様々な結論を模索する力はますます弱まっていくでしょう。思考力の弱った人は、「魅力ある人だ」とか、「この人の話をまた聞きたい」と思われることはありません。

模索する力を弱めないために、思考を鍛え、柔軟に保っておく必要があります。しかし、第二章で解説した「記憶力が落ちていく」こと以上に、思考力の低下や老化は厄介なのです。これは、脳科学の見地からも説明することができます。

†思考の切り替えができない

脳科学の見地から言うと、思考力と関係が深い脳内の前頭葉は、四十代から老化しやすくなります。この前頭葉の老化は定年前後の年代ではより顕著です。

前頭葉は脳の前の方にある部位です。そこは思考、意欲、感情、性格、理性などを司ると考えられています。この部位は他の脳の部位より早く委縮が始まるのです。前頭葉が委縮すれば、脳を使うのがおっくうになるから脳の老化がさらに進んでしまうのです。そうなると、思考、意欲、感情なども老化します。

もちろん、感情が老化しても、悲しければ泣くし、喧嘩をして腹を立てることもあります。それはこういった感情は原始的な感情で、脳の「辺縁系」という部位が司っているためです。認知症の人でも泣いたり笑ったりするのはこういった背景があります。

前頭葉はもっと微妙な感情や、感情に基づく高度な判断を担っています。映画やドラマ、小説を読んで感動したり、そこから触発されたりするのがその働きです。

この前頭葉の老化が始まると、何をしてもつまらないと感じるようになる（感情の平板化）、何に対してもやる気が衰える（意欲の老化）、ささいなことでイライラし始める（感情の老化）といった形で行動や言動に老化現象が現れはじめます。こうした老化現象によって行動や言動がより抑制的になってしまい、老化への対応も行おうとは思わなくなります。そのため、ますます老化が進んでしまうのです。

前頭葉の老化がもっと顕著になるとどうなっていくのでしょうか。その一例が保続《ほぞく》という症状です。保続とは、思考や想像などの切り替えがきかなくなって、同じことをくりかえしてしまうことです。

前頭葉の部位に脳出血が起きたり脳腫瘍ができたりしたとき、あるいは重症の認知症などの場合に保続は起きます。

「知の賢人」「哲学者」を目指し、若い人とは異なる能力をみがく勉強法

意識すべきこと

○記憶力が落ちていく（第二章を参照）
○思考力が落ちていく

前頭葉の老化により、思考の老化がはじまる

○思考の切り替えができない
○向上心がなくなる
○思考が頑なになる
↓
「そんな話は知っている」現象
異論を受け入れられない
そうだったのかと納得してしまう

解決策としての試行

○変節する
○欲望に忠実になる
○ＰＣを活用して試行してみる
○あえて異論を言ってみる。

たとえば、「今日は何月何日ですか」といった質問を保続の患者にすると普通に答えることができます。また、いろいろなものを見せて、最後に手帳を見せた後に「いま見せたものは何でしたか」と質問すると、保続の患者は「手帳です」と答えることができます。しかし、その後に、別の文房具を見せたとしても、「いま見せたものは何でしたか」と質問するとまた「手帳です」と答えてしまうのです。記憶力は保たれているのに、問題が変わっても同じ答えを出してしまいます。

また、保続の患者に「483+927=?」みたいな難しい問題を出したとします。この患者には、計算して正答を出すことができる能力はあります。老化しても計算する能力はなかなか衰えないからです。

ところが、次に別の計算問題を出題すると、なぜか同じ答えを繰り返してしまいます。これが保続の症状です。つまり思考力そのものや計算力、記憶力は落ちていないのに、それまでの答えから別の答えに切り替えができなくなるのです。

前頭葉の障害が起きると、計算力であれ理解力であれ、この手の単純な知的機能は落ちていないのに、前頭葉が萎縮するために、思考のスイッチの切り替えが難しくなってしまうのです。

この保続という現象は病気による脳の損傷が原因で極端な例ですが、ここまで極端でなくても、前頭葉の老化のために機能がおちてくると、考えの切り替えがうまくいかなくなることは珍しくないのです。過去の成功体験をいつまでも語って嫌われてしまう人や、考えが変えられずに頑固になって老害といわれている人は周囲にいませんか。こういった人は中高年から軽い保続が始まっていると考えられるのです。

逆に年齢を重ねてからも思考パターンを柔軟に変えられるのなら、脳の機能から見れば、前頭葉が若々しく保たれていると考えてよいのです。

また感情についても、保続のような状態が起こりえます。

怒った時になかなかおさまらなかったり、悲しみにひたったり、うつ状態になったときにそこから抜け出せなかったりするのは、感情の切り替えスイッチの働きが悪くなったからです。

ただし、年齢を重ねるにつれて、脳内の神経伝達物質である「セロトニン」が減ってくることもその一因ではあります。セロトニンは他の神経伝達物質であるドーパミン（喜びや快楽に関係する）やノルアドレナリン（恐れ、驚きに関係する）などをコントロールして精神を安定させている物質です。

以前と比べて感情のコントロールができなくなってきた場合には、前頭葉の老化か、セロトニンの減少の可能性を疑ったほうがよいでしょう。

思考が頑なになる「そんな話は知っている」現象

前頭葉の老化によって、思考の切り替えができなくなると、思考はより凝り固まったものになっていきます。それにこれまでの経験や知識が加わると「そんな話はもう知っているよ」と話を聞こうとしなかったり、新たに学んだことを疑えなかったりするようになってしまいます。

たとえばこういった人はいないでしょうか。

・テレビはつまらなくて、刺激がない。
・本を読んでもありきたりのことしか書いていない。

こういった人は「そんな話は知っている」現象になっている可能性が高いのです。思考が頑なになっているだけなのに、物知りになった気になって、自分が何でもかんでも知っていると思い込んでしまっているのです。

「慣れ」の問題もあります。前頭葉の機能が下がって感度が鈍くなっている上に、様々な体験から先が読めてしまうので、すべてを知った気になってしまいます。

「そんな話は知っている」現象が起こると、記憶力にも影響を与えます。

それは「知っている」と思った時点で記憶力に必要な「注意」のレベルがガタッと落ちてしまうからです。「知っている」と感じたものに関心を向けることは難しいです。知っている話の中にも知らない話が混じっているかもしれないのに、それを見落としてしまうのです。

これでは、試験や仕事で「若者に負けないための勉強法」も「知の賢人」「老哲学者」を目指し「若い人とは異なる能力をみがく勉強法」もうまくいかないでしょう。

†異論を受け入れる余裕を持つ

同様に「異論を受け入れることができない」現象も起きます。思考が頑なになって、物事をわかった気になっているために、異論に耳を傾けることができにくくなるのです。

たとえば、放射能の健康被害について、二〇一一年に福島第一原発事故以来、放射能がいちがいに悪いということになっていますが、どの程度の健康被害があるのかということは全然わかっていません。実は少量の放射線は体にいいという説は昔からあります。現実に、鳥取の三朝《みささ》温泉みたいに、全国の平均値の三倍くらいのラドン濃度なのに、住民のがん発生率は全国平均の半分くらいといったエリアもあるのです。

しかし、こうした異論は思考の切り替えができない人には受け入れられません。「放射能は体に悪い」といった発想から抜け出せないのです。

コレステロールが高い人のほうが長生きしているとか、やや太めの人のほうが長生きしているという内容の本を書いても、そこそこにしか売れません。ところが、みんなが受けいれやすいメタボ対策の内容になるともっと売れるようです。それくらい、異論を受けつけることのできるキャパシティがある人間が少ないのです。

そもそも若い頃から異論を受け入れられない日本人が多いようです。

日本では前頭葉を鍛える教育をしないため、異論暴論、多様な説を受け入れる素地が整わないのです。ですから、多様な説を受け入れることのできる人間は話が面白い人、クリエイティブな人として評価される可能性が大きいのです。この要素は、「知の賢人」「老哲学者」を目指し「若い人とは異なる能力をみがく勉強法」にとって必要なものです。

元財務官の榊原英資さんから聞いた話では、彼は外国にいった時、超楽観派と超悲観派の両極端のエコノミストの話を聞くといいます。一見、暴論とも思えるようなそれぞれの意見を知ることによって、どれくらい意見の幅があるかを知ることができるようです。確かに、これは一般の人には真似しにくいものでありますが、進んで暴論に触れる姿勢は学ぶべきところがたくさんあります。

また「異論を受け入れることができない」現象は、「学んだことを疑えない」といったことにも表れます。人の話を聞いたときに、その話を鵜呑みにしてしまって、疑うことを忘れてしまってはいけません。

†「変節」こそ勉強に必要なものだ

「そんな話は知っている」現象、「異論を受け入れることができない」現象、こうした思考の頑なさは「知の賢人」「老哲学者」を目指し「若い人とは異なる能力をみがく勉強法」にとっては厄介です。

それは「変節」ができないからです。「変節」というと信念・主義・主張を曲げるといったようなマイナスイメージがありますが、これは思考力を鍛えるうえでは必要なものです。

主義主張を曲げないのは一見立派なことのようですが、時代が変化していく中で、その時代に合わせて、意見を変えていくほうがずっと大切で立派です。定年前後からの勉強にとって必要なのは、その時代に合わせて、変わっていく考え方や発想に関心を持つことです。その結果、若い頃とは意見が変わっていくこともあるかもしれませんが、それはまったく問題ではありません。

経営論やリーダー論で著名なピーター・ドラッカーは、若い頃、競争社会への対応や目標管理を提唱するなどマネジメント論を説いていましたが、八十代から九十代になると、組織論や非営利企業の経営論に移り、プロフェッショナルな個人をテーマにするようになりました。

著書でも次のように記しています。

知識労働者の啓発やその配属についての責任は、本人にもたせなければならない。

「どのような任務を必要としているか」「どのような任務の資格があるか」「どのような経験や知識や技能を必要としているか」との問いを発する責任は、一人ひとりの人間に課さなければならない（『プロフェッショナルの条件』ダイヤモンド社）。

二一世紀のビジネス環境をにらんでのことですが、凡庸な学者や評論家なら、過去の業績で得た名声にのり、いままでと同様の話を繰り返すところですが、さすがにドラッカーは違います。時代に合わせて変化を遂げることも彼の偉大さのひとつでしょう。当然、時代に合わせた発言をするためには時代を読む力が必要です。

今日、再び転換のときが訪れた。しかし、今度の転換は西洋のものではない。それどころか、もはや西洋の歴史も西洋の文明も存在しえないことこそ、根本的な変化である。存在するのは、西洋化されてはいるかもしれないが、あくまで世界の歴史と世界の文明である（『プロフェッショナルの条件』）。

ドラッカーは考えを変化させるために、膨大な知識をもって歴史や世界を理解しようとしていたのです。こういった姿勢は、定年前後で時間にゆとりができた時こそ可能なものです。

精神分析の世界でも、フロイトにしてもコフートにしても、後世に名を残し、未だに影響力を持ち続ける理論家は意外に何度も理論のモデルチェンジをしています。常に時代や周囲のニーズに合わせて、自分の思考も変化させていくべきなのです。

「主義主張を曲げない」というのは一見すると正しいように感じられますが、時代は大きく変わっているのに、主義主張が変わらないというのはおかしなことです。

一生涯、終始一貫して、主義主張が変わらないのは、思考が頑なになっていて、思考の切り替えができていないだけなのかもしれません。前頭葉の働きが悪いために主義主張が凝り固まっているおそれがあるのです。

二〇年前に私は「受験は要領」といったテーマの本を書いて、手抜き勉強（実際は要領のよい勉強で、手抜きのつもりはないが試験に出ない科目はやらなくてよいといった勉強）を勧めましたが、今ではゆとり教育に反対している立場から、「勉強したほうがいいよ」「基礎学力が大切だ」と勧めています。それを見て「和田は変節した」と批判する人もいます。

しかし、私から言わせれば、その時代その時代によって変わってきた世の中の現実に自分の主張を対応させてきただけのことです。子どもが勉強しすぎの時代には、さぼれるところではさぼったほうがよいと言いますし、子どもの四割以上が学校の外で一秒も勉強しない時代には、ちゃんとやれと言うのが当たり前です。現実に合わせて意見を変えないほうが異常ではないでしょうか。

たとえば、右派的な主義主張をする人は必ず「正論」「産経新聞」「読売新聞」といったいわゆる右のメディアを読みます。左派的な主義主張をする人は「世界」「朝日新聞」といった左のメディアを好みます。

でも、こうしたメディアからは自分の主義主張に近い情報しか入ってきません。これでは、主義主張に変化を期待しにくいのは確かなことです（そのメディアが変わってくればよいですが、それもあまり期待できません）。自分の主義主張と相容れない意見を遮断することになりますし、時代に合わせて新しく出てきた発想や思考に聞く耳を持てなくなってしまいます。

これでは思考の老化が進んでしまいます。

いまさら、右も左もない時代だと思いますが、思考の老化、思考の柔軟性を考えるのであれば、自分は右翼だと思っている人こそ、「世界」を読むべきだし、自分は進歩派だと思っている人ほど、「正論」を読むべきなのです。自分と違う意見を取り入れることで、思考の柔軟性が保たれ、思考の老化が防げるからです。

こうした思考の柔軟性があれば、アウトプットする作業がやりやすくなるし、インプットの人生から独自の発想を生み出すアウトプットの知の賢人への道のりに移行することもたやすいはずです。

欲望に忠実になること

前頭葉は向上心や欲望をコントロールしているため、年齢を重ねて、前頭葉が老化してくれば、向上心は低下し、出世欲、支配欲なども衰えてしまい、物事に固執しなくなってしまう傾向にあります。

たとえば、意欲の低下は様々なところに影響を及ぼします。意欲や自発性といった感情は、行動の遂行に直結するからです。高齢になってから起業する人や大発明をする人が少ないのは、意欲や自発性といった感情を司る前頭葉が老化していくことと無縁ではないでしょう。

また、フロイトも仮定したように、欲望とは人間が本質的に生きるためのエネルギー源です。何かを一生懸命考えたり、意欲をわきたたせたりする一番の動機です。この欲望が弱まってくると早枯れした人間になってしまう。定年後といえども、欲望を抑え込んではいけません。無理に我慢して抑圧していくうちに、「何もやる気にならない。何をやってもつまらない」と感じるようになってしまうでしょう。欲望をコントロールする前頭葉が使われなくなり、全体の衰えも早くなってしまいます。

特に男性の場合、四十代から五十代で男性ホルモンが減少してくると言われています。そのような男の更年期を迎えると、性欲が衰えるだけでなく、好奇心や闘争本能のようなものも衰えるため、欲望が前面に出にくくなるといった問題もあります。

「物欲が強すぎる」「性欲が衰えない」「いつまでも役職にこだわってしまう」「どうしても食にお金を注ぎ込んでしまう」などと思い悩む人もいるかもしれませんが、アンチエイジングの立場から、あるいは前頭葉の脳科学の立場からはこうした強い欲望は悪いことではありません。欲望によって突き動かされることで、前頭葉を若く保つことのできる側面が大きいからです。

ここで、意欲が衰えないどころか、意欲とともに大成功したケースを紹介しましょう。マクドナルドの創業者とされるレイ・クロック氏（一九〇二―一八四）です。

経営学では伝説ともいうべきケースですが、彼は高校中退後、ペーパーカップのセールスマン、ピアノマン、マルチミキサー（ミルクシェイクを作る機械）のセールスマンなどの職を転々としました。折り合いの悪かった会社を辞め起業した五二歳のときに、マクドナルド兄弟が経営し大儲けをしていたマクドナルドと出会います。マクドナルド兄弟に、アメリカ全土へのチェーン展開を提案。最終的にはマクドナルドの権利を買い取り、その後、爆発的な急成長を始めます。

さらに、五十代後半には、妻がある身ながらも、夫のいる女性との交際をはじめ、妻とは離婚。六七歳のときにその女性と再婚をするのです。

五二歳で起業し、離婚・再婚するなど、五十代から人生を再び謳歌しました。マクドナルドを世界的な企業にしたレイ・クロック氏の生き方は魅力的です。日本でもユニクロの柳井正氏やソフトバンクの孫正義氏など彼の信奉者が多いのは、その魅力的な人生にひかれるからでしょう。

レイ・クロック氏は中高年以降に意欲が衰えるどころか、ますます盛んとなったために、大成功をおさめたのです。

食欲であれ、物欲であれ、性欲であれ、欲望に正直に生きることが前頭葉へのいちばんの刺激になるのです。もちろん、社会のルールに沿った節度は当然必要です（暴走老人といわれるような態度――これは感情のコントロールが悪くなっているだけで、建設的になっていない――とは別物であることも念のため付け加えておきます）。

また、自分の欲望を満たすためにどうしたらいいかと考えることも思考力を高めることにつながっていきます。いくつになっても何でも楽しめる人でいることは満足して生きる上では重要です。

年齢を重ねても何でも楽しめる人でいられるか、何をしてもつまらない人になってしまうかは、自分の欲望との付き合い方にかかっています。

たとえば、世の中を達観したとされる鴨長明、西行、吉田兼好などは出家し、世の中から隠遁したように思えます。

しかし、彼らは自分で日記や随筆を書いたり、和歌を詠むといった創作活動に打ち込んでいたのです。生き方は枯れているように見えても何かを表現しようという欲望までは枯れていませんでした。寿命が延びた現代、「早枯れ」をしてしまうと、長い後半生がつらくなります。鴨長明や西行のように欲望を持ち、何らかの趣味や打ち込む対象を持つことは、これからの定年前後の世代にとって必須になります。

前頭葉を刺激する方法——試行力

この本をここまで読んできた読者であれば、まだ思考力が十分にあり、頭が凝り固まっていないはずです。そもそもこの手の本を手に取ろうというだけで、同年代の人間より明らかに意欲のレベルが高いのです。さらに若造が書いた僭越な耳の痛いことがならぶ文章を読み続けられるのは、脳が若い証拠です。

では次に、前頭葉に刺激を与え、鍛えるためにはどうすればよいでしょうか。また、それと勉強をどのように結びつければよいでしょうか。

前頭葉に強い刺激を与えることができるのは複雑で偶発性の高い、つまり先の読めない行為です。たとえば、株式投資や起業、ギャンブル、恋愛などがそれにあたります。

基本的には、感情は予想と現実の差によって刺激されます。株式投資、ギャンブル、恋愛などはいずれもしばしば予想外のことが起きる不確実なものであり、「今度はうまくやろう」という向上心も刺激されます。

株式投資もギャンブルも損をすれば悔しいし、次には勝ちたいと研究し努力します。恋愛も相手がどうやったら喜ぶか想像力を働かせ、相手にふさわしい人間になろうと努力します。どんなことであっても、自分が少しずつ進歩していると感じることは大きな快体験になり、生きていくエネルギーになります。

このような体験による予想外の事態は前頭葉の活性化にとって大切です。ルーティンな仕事であれば、かなり高度な知的作業であっても側頭葉や頭頂葉で処理できますが、前頭葉はそうでないものへの対応を司ると考えられています。つまり、先の読めない状況に置かれると、前頭葉が活発に働くので、思考が切り替えやすくなり、柔軟になるのです。

だからこそ、前頭葉に刺激を与えるためには、株式投資や恋愛に限らずなんでも試行することが求められます。いままでは、思考することが大事だと述べてきましたが、ここからはさらに「試行」することを提案したいと思います。

実際に試してみると、なかなかうまくいかないことはたくさんあります。頭の中のシミュレーションでは問題はなくても、実際にやってみると壁にぶつかります。現実の仕事などではそういった経験ばかりでしょう。

このように私が提案するのは、実際に動いてみなければわからないのに、頭の中であれこれ考えただけでやめてしまう人間が多すぎるからです。頭の中であれこれ考えても、前頭葉が委縮している状態だと、一定の範囲でしか思考できないため、どうせダメだとあきらめてしまうのです。

ところが、現実に試してみたら「思ったより面白い」「思ったより売れた」といったことが起こりうるし、反対に「思ったよりダメだった」ケースもあるでしょう。このように実際に試してみたら、自分が頭の中で考えたのと違う結果になることはたくさんあります。もちろん、この結果が前頭葉を刺激します。

もし、挑戦した結果が失敗だったとしても、そこからも学ぶことはできるはずです。このポイントが間違っていたとか、これは時流に合っていなかったとか、分析が足りなかったなどといろんなことがわかるでしょう。想像と違う結果が出ることも刺激になるわけですし、そこから考えるヒントも生まれてきます。

中高年になるほど億劫になりがちですが、本当は年齢を重ねていけばいくほど、こういう試行をしなければなりません。また、少なくとも若者よりお金や時間の余裕はあるのだから、試せることだって多いはずです。

前頭葉を刺激するためには、「試す」ことと実際に「動く」ことが重要なのです。

†意欲がわくものを試行する

前頭葉の機能が衰えれば意欲も低下します。意欲が低ければ勉強だってやる気がしないでしょうし、いろいろなことにチャレンジする気力が衰え、「まあ、いいや」とあきらめてしまう人生になってしまいます。やることがはっきりしている在職中と違って、「まあ、いいや」人生が定年後二〇年も続くのは生きる上で辛いことです。そうはいっても、何かを始めるときすでに意欲が落ち始めているおそれもあります。

そのように考えると、何よりも自分の意欲がわいてきそうなことを試行する必要があります。ここで注意したいのは、それには極めて個人差があるということです。

それは動機づけの問題です。動機づけには大きく分けて二つあります。外発的動機と内発的動機です。人は外発的動機（たとえば、一定の行動をすればお金がもらえる）により活動するものとされてきました。しかし、こういった外発的な条件がなくとも、行動することによって得られる有能感や満足感、喜びなどのために、行動するというのが内発的動機です。

たとえば成果主義という考え方が様々な職場で採用された時期がありました。それは、仕事で成果が出れば昇進させる、たくさん給料を払う、あるいは成果が出なかったら降格させる、給料を下げる、場合によってはクビにするというアメとムチの外発的動機づけによって意欲をわかせようとするものでした。

しかし、この外発的動機づけによって、多くの人々が働くことに意欲をもてたかというとそうでもありませんでした。このような原理を用いても働く意欲がわかない人がたくさんいたのです。

それまでの日本的家族経営というのは外発的動機づけよりも、会社が好きだから働く、仕事が好きだから働く、あるいは上司との人間関係がよいから働くというような動機によって機能していました。

あるいは理系の研究者、たとえば会社員ながらノーベル化学賞を受賞した田中耕一さんみたいに研究が面白いという動機で会社で働く人もいます。

興味の対象は人それぞれだし、動機には極めて個人差があるため、意欲をわかせる方法も様々なのです。

動機体系は人それぞれですので、自分の意欲をかきたてるからといって他人の意欲を増進させるとは限らないのです。ですから、他人の動機に則って、自分の意欲がわいてこないものを試行してはいけません。

やはり、自分がどうしたらやる気が出るかということを考えるべきなのです。先に刺激が強い株式投資や起業、ギャンブル、恋愛などが試行に向いていると述べましたが、当然それも向き不向きがあるでしょう。これらにはお金が好き、社会的に評価されたい、女性にもてたい、仲間を作って励ましあいたいなど様々な要素があります。

意欲がわくかすぐにはわからなくても、投資、ギャンブル、恋愛などを試してみたら、なんらかの反応が起きます。この反応で、これは自分に向いているか向いていないか、使えるか使えないかがわかることもあります。これが、試行する過程で学ぶということです。やってみると楽しくてはまる人もいれば、逆に罪悪感や不安が強くなって、かえって苦痛になる人もいます。そういう人は別のことを試すべきでしょう。それを繰り返していくことが定年前後に向けた勉強の第一歩なのです。

自分にとって意欲がわいてくるものは何なのかを意識しておくことは、意欲が衰えがちになる定年前後世代には重要なことです。

†恥意識など捨ててしまえ

試行の際に大事なのは、わからないことは人に聞くといった姿勢です。とくに男性は、年齢を重ねれば重ねるほど、恥をかきたくないという気持ちが強くなります。若いときは、知らないほうが当たり前だという気持ちでなんでも質問できましたが、年齢を重ねると、いまさら聞くのは気恥ずかしいと考えてしまうのです。

感情が老化してくると、より保守的になり、それゆえに恥意識が強くなりがちです。その恥意識の強さが理解の妨げにもなってしまいます。

たとえば、何か興味が出てきそうな分野にチャレンジしようとして、まずは本を参考にしようと考えたとします。こういう時は、「わかる本を読め」「わかる参考書を使え」というのが重要です。

しかし、定年前後の世代の人たちはイラスト付きの入門書のような本を読まない、買うのを恥ずかしがる傾向があります。人生経験が邪魔になったり、見栄にとらわれたりするのでしょう。

本を読むとしても見栄を張って、難しすぎる本に手を出します。これまで哲学書を読んだことがないのに、年齢を重ねたから哲学書でも読もうという場合に、簡単に読めそうな『超訳　ニーチェの言葉』(ディスカヴァー21)を手に取ろうとせず、岩波文庫のニーチェを読もうとするのです。経済学の本でも、入門書ではなくて研究者向けの専門書を読もうとします。しかも、「こんなことは知っている」と中途半端に読み飛ばしたりするのです。

ところが、専門書はその分野に詳しい人向けに書かれていて、ある程度の知識があることを前提に書かれています。ですから、知識がない人が見栄を張って読むと、理解ができないか、理解したとしても表面的な理解になってしまいます。

入門書を買うのを恥ずかしがり難しい本を買って、結局よくわからなかったという結果に終わる。長い人生経験から理解力はあるはずなのに、恥意識と見栄が邪魔をして、かえってろくに理解できない、浅薄な理解になるという羽目になってしまうのです。

わかりやすい解説書はたくさんあります。ですから解説書・入門書をばかにしてはいけません。心理学であろうが、経済学であろうが、その入門書でわかりやすい本を一冊読んでおいて、その先に難しいものを読むと身に付きやすくなる上に、理解が速くなるものです。

アウトプット的試行術

六〇歳で定年を迎え商品価値がなくならないように、定年後の脳をさびさせないように勉強するという時、それは並みの勉強でよいかもしれません。それぞれ並みの勉強法、読書術、記憶術はあるでしょう。しかし、並みが目標の勉強だと、よほどその分野が好きでない限り、なかなか続かないものです。

並みでいい、自分の周囲よりちょっと知っているレベルでいいという発想であれば、本を一生懸命読んだり、カルチャースクールに通い続けるなどすれば、たとえば歴史にそこそこ詳しくなれるわけですが、そうした受身型の勉強ではそこから先に進むことはできません。

六十代で勉強をはじめても、並みの勉強法であれば、あっという間にカルチャースクールレベルに到達してしまい（インプットが終わってしまう）、続ける意欲がわかなくなってしまいます。これでは勉強を継続できないでしょう。

本書ではあえて並みレベルの目標ではなく「アウトプットが魅力的な知の賢人」を目標としています。

たとえば、知の賢人は自分の意欲のわく趣味をつきつめることで研究の領域に達することを目標とします。そのためには、ともにアウトプットができる演習、勉強会といった「同好の士がともに発表しあう語らいの場」が必要です。こうした「同好の士がともに発表しあう語らいの場」を作ることができれば、互いに切磋琢磨しあうことで、知の賢人に近づくことができるのです。

こうした集まりで試行のアウトプットをしているうちに目指す目標も見えてきます。たとえば、考古学、天文学、植物学なら、いままで誰も発見していなかったものを偶然にでも発見し、一発逆転するという目標を持てるかもしれません。歴史学であれば、これまでの仮説を反転させるようなオリジナルな自説を構築することだって可能でしょう。もちろん、それに応じた「思考力」が必要になってきます。

目指す目標があれば、動きはじめやすくなります。実際に動いてみないとわからないことはたくさんあります。こうなるのではないかと仮説をたてた時、可能な限り試してみるべきです。現地に行ってみると意外な発見があったり、原著にあたると人の知らないようなことを知り得ることも多いのです。学び直しをすることは構いませんが、学び直しだけで終わってはいけないのです。

受け身型の勉強では影響を受けた先生を超えることはできません。影響を受けた先生から聞いたことを使って、自己流の解釈をしたり、別の本を読んだりして、新しい解釈を出せば、乗り越えることはありえます。

†アウトプットの近道――パソコンを試行してほしい

これからの時代に一度は試行してみていただきたいのが、パソコンです。インターネットが発達した時代の定年前後世代は、できることならば、ワープロ機能ソフトであるワードと表計算機能ソフト（これは統計にも使えます）であるエクセルの使い方を身に付けることをお勧めします。これらのソフトの使い方がある程度分かれば、ホームページやブログが作成できるようになるからです。

もちろん、人によってはパソコンが苦手だという人もいるでしょう。だからこそ一度試行してほしいのです。試行してみて、その魅力にはまる人が多いのがパソコンです。実際、まじめな中高年くらいのほうが、できるようになるとパソコンおたくレベルにまでなる人が多いくらいの印象を受けます。パソコン操作に関しては誰でもひとつひとつ知らないことばかりです。この分野は若いほうが詳しいのが当たり前と思われているので、恥意識など感じることなく、どんどん他人にやり方を聞くことができます。

パソコンの知識がなく、ぎこちなく始まり、パソコンの反応に一喜一憂する——こうしたドキドキ感は学校や初出社の職場で味わって以来の感情かもしれません。この感情は前頭葉を刺激します。

また、パソコン講座はカルチャースクールなどでも行われています。こうした講座の受講をきっかけに、同好の士が増えるかもしれませんし、刺激しあえる若者とも知りあえるかもしれません。さまざまな講座があるために思ってもみなかった講座を受けるきっかけになります。

こうした講座は大学の生涯学習講座で受けることもできます。そこで受講すると、周囲に若者が多くなり、彼らとの交流で自分の感覚も若くなってきます。大学の生涯学習講座の受講をきっかけに本格的に大学で学ぼうと考える人も出てくるでしょう。大学、大学院と進むにつれて、アウトプットのための「ともに発表しあう語らいの場」を作ることのできる同好の士と出会う可能性も高まってきます。

実際にパソコンができるようになればどういったことが可能になるのでしょうか。ホームページを持つことで自分の趣味の写真や音楽、旅の記録、小説などを全世界に公開できるようになります。ブログを持つことで日々の自分の思考を世の中に訴えることもできます。最近はfacebookやtwitterというSNS（ソーシャル・ネットワーク・サービス）で世界中の人々と情報の交換さえもできてしまうのです。また、映画の編集作業すらも自分のパソコン上でできます。

パソコンをカルチャースクールや大学の生涯学習講座で習ったのをきっかけにその魅力にはまり、パソコンをツールにボランティアを始めるといった堅実な老後は多くの定年前後向けの本で紹介されています。

ただし、これらはこれまでの定年世代でもやっていたことです。

そこで私が定年前後世代に期待したいのは、その先の可能性です。

今の定年前後世代は職場でパソコンともそれなりのつきあいがあります。そのため一歩進んだパソコンとの付き合い方ができるのではないかと思います。

たとえば、多くのネットユーザーは現実世界よりもドライな関係をネットに求めているととらえられがちで、実際に気軽な関係を構築するのが難しいようです。「オフ会」と呼ばれるネットユーザーが現実に会話する会ではコミュニケーションが空回りし、なんらかのトラブルが発生することもあります。

しかし、こうした距離感は若者にはあてはまりますが、定年前後世代はどうでしょうか。定年前後世代であれば、コミュニケーション能力は高いはずです。多くの同好の士と知り合いたいという希望もあります。ならば、もっと積極的に気軽に会い、ネットならではの、なんでも相談できるような空間を用意することも可能なのではないでしょうか。

つまり、ネット上に「同好の士がともに発表しあう語らいの場」を設けるのです。ネット上に定年前後世代のアウトプットの空間ができれば、同年代への大きな刺激になっていきます。

もちろん、それにはfacebookやtwitterというSNSを利用することも可能ですが、それぞれのSNSでは文字数や情報量に制約があります。こうした枠組みのなかでは、オリジナルな自説を構築・展開することは困難かもしれません。

定年前後世代はまだまだインターネットを生かし切れていないと思います。パソコンの新しい機能にただただ驚いていればいい時代は終わりました。ぜひとも新しい自己流の使い方にチャレンジしてみてください。

†あえて異論を言ってみる

定年後に勉強をしようとする人の多くはある程度の知識や情報を持つ知識人（インプットしかできない人）になろうとする傾向にあります。しかし、知識はインターネットを検索すればたくさん入手できるので、わざわざなろうとするほどの目標ではありません。

また、人生経験をもとにため込んだ知識も、知識それ自体としては価値が低いものとして受け止められがちです。また、一般的な歴史・地理・社会常識などの知識をもっていても、驚かれることはありません。

インターネットが発達した時代です。ある程度の知識や情報はインターネットで簡単に手に入るのです。

だからこそ、アウトプットが求められます。本書ではこれまで、これからはアウトプットが魅力的な「知の賢人」を目標とすべきだと述べてきましたが、知の賢人とは様々な知識を加工するための思考能力を持っている人物のことです。

単純な知識や情報より、ある事件、ある考え、ある本をどのように解釈するのか、どういう発想で読み解くのかに多くの人は興味を持ち始めています。こうした思考はコンピュータではできません。ですから、知識が役に立つ時代から、思考することができる賢人の時代になるのです。その際には、パソコンなどのツールを通じて、自らアウトプット、発信をしていくことが必要になっていくでしょう。

すでに、その場のプロフェッショナルではなくても、ブログなどを介して、その思考様式をひろげている人はたくさんいます。アルファブロガーの小飼弾さんや、ちきりんさんなども社会批評を専門にしているわけではないですが、彼らが取り上げる本や事件は注目を集めています。彼らは定年前後世代ではありませんが、こういった領域での活動は定年前後世代にとっては魅力的なものではないでしょうか。

いままでの経験を使って、批判したり、常識を疑ったり、新たな仮説をたてたりというアウトプットができるはずなのです。

といっても、これまでインプット型で受験勉強を行い、仕事をしてきただけに、なかなか切り替えるのは難しいかもしれません。第一章で紹介したように、これまでは「正解は一つ」でしたが、定年後から勉強を始める場合は、正解は一つではなく「正解はいくつもある」という意識の切り替えが必要なのです。

そこで、実践編としては、たとえば、あえて異論暴論を発言してみてはいかがでしょうか。

消費税増税論議が盛んですが、「この不景気に消費税を上げるなんて反対」「財政赤字なのだから消費税を上げるのは当然」などと発言してもありきたりで、政治家ならばともかく素人がそんなことを話しても誰も相手にしてくれません。そこで、「ギリシャは消費税を上げて法人税を下げたのに破綻した」などと主張すれば、異論になります。さらに「消費税以外の税金を上げる方法はないのか」といった新しい切り口を暴論的に提案することもできるでしょう。

こうした暴論的な提案はブログなり、「同好の士がともに発表しあう語らいの場」で発言するべきでしょう。そうすれば仲間たちとのやりとりも刺激が増すはずです。そこで盛り上がらないとすれば、あなたの暴論的な提案がそれほど刺激的・魅力的ではなかった（つまらなかった）か、仲間たちがそうしたことに関心がない（その場は期待すべき同好の士の集まりではない）、あるいは、周りが反対の考えをもっていて受け入れられないのかもしれません。

刺激的・魅力的な発言するためには、準備も必要です。自分の頭の中をとにかく聞いたことのない説とか、異論暴論、多様な説で埋めて、考え方のレンジを広げる試みをする必要があります。

　本を読んで、情報を与えられた時に、考える習慣をつけなければなりません。安易に納得するためではなく、そこからどんなことが考えられるのかを知るために読書すべきなのです。これは「思考力」を刺激することにもなり、批判的な読書ともいえるでしょう。「批判的」とは、自分の経験をもとに、実際はこうではないかとツッコミを言えるようになることです。

　読書の際に「私の人生経験からいって、こんな考えは理屈どおりにいかない。それは日本人の心理を無視している」といったツッコミをいれていく。こうした作業が知の賢人につながっていくのです。

第四章

人生を充実させる勉強法

自分が何を知っているかを知る

知の賢人とは「話が役に立つ」「人徳がある」といった、他人が「魅力的だ」「知的だ」と評価してくれる人物のことです。こうした人物になるためには、アウトプットが魅力的である必要があります。そのためにはどういった勉強をすればよいでしょうか。

今回、私はこれまでに出会った人たちや様々な文献をもとに、定年世代になってからアグレッシブに活動している知の賢人のイメージを四つのパターンに区分けしてみました。これまでの会社経験を活かしたコンサルタント系賢人、「心の健康、身体の健康」の専門家系賢人、文化を再評価する宗教・歴史系賢人、隠れていた才能を発揮させるアーティスト（映画監督、小説家）系賢人の四つです。順に紹介してみましょう。四つのパターンの中から自身に近いイメージがあるかもしれません。

・コンサルタント系賢人

これまでの知見、知識を活かした知の賢人です。会社人間として培った経営、営業、税務、会計などのアドバイザーとなることを目指します。コンサルティングであれば、自宅でも仕事ができて元手がかかりません。パソコンが使えれば、ホームページなどを営業ツールとして効果的に使うことができます。ただし、経験だけでなく理論的な裏付けも必要になってきますので、自分をキャリアアップさせる（大学院などで研究を深める）ことなども検討すべきでしょう。

・「心の健康、身体の健康」の専門家系賢人

定年前後世代が若い頃には職業として存在しなかった領域もあります。「心の健康、身体の健康」の専門家です。まずは心の健康です。企業のメンタルヘルス問題も深刻化するなかで、今後、求められていく領域でもあります。そのため、心理学の要素はますます求められていくでしょう。メンタルヘルスの専門家・臨床心理士は専門の大学院を出ることが必須（受験資格）になります。

また、「身体の健康」として、生活習慣病に悩まされた経験などから健康の重要性を実感し、専門学校で東洋医学を学び、整体師、鍼灸師などになることも考えられます。

・文化を再評価する宗教・歴史系賢人

定年前後世代になると、若いときよりも、「わかる」能力が増してきます。宗教、歴史、哲学といった昔一度勉強したもののわからなかったことが、どんどんわかってくるようになります。それらを題材にして、自らの人生を振り返り、自分の内面と向き合うことができるのです。

なかでも、哲学は独特の言い回しが多いために「合う／合わない」の要素が大きいですが、宗教、歴史は学生時代にもふれているため身をゆだねやすいのではないでしょうか。宗教であれば、直接宗教にかかわる（入信する）方法と、神道や仏教の大学（大学院）にいき研究者としてアプローチしていく方法があるでしょう。宗教でも歴史でも独自の解釈を打ち出してアウトプット度を高めるべきです。

・アーティスト（映画監督、小説家）系賢人

デジタル化によるコストダウンのため、若い頃にあきらめてしまった夢をあらためて形

にすることが比較的、簡単にできるようになっています。映画監督や小説家になるハードルが低くなったのです。ただし先天的な才能に大きく左右される領域なので、才能がなければ早めにあきらめる勇気は持っておくべきです。映画監督になるために、二年ぐらい映画学校（日活芸術学院、日本映画大学など）に、通い直すというのも面白いでしょう。個性的な若者のなかに入って刺激を与えあうことができるのではないでしょうか。

こうした知の賢人へのアプローチを通じて、主観的人生の充実のための勉強法を検討してみましょう。

これまでの会社経験を活かして起業する

まず、「これまでの会社経験を活かしたコンサルタント系賢人」とは、簡単にいえば、それまでの知見、経験を活かして起業することです。IT化で会社設立の手続も簡単になっています。日本政策金融公庫や地方自治体の創業融資の制度や助成の制度も充実しています。

予想外の刺激は前頭葉の活性化にとっても大切です。起業して先の読めない状況に置かれると、前頭葉が活発に働くので、切り替えが悪い思考が改善されていきます。

第三章で、マクドナルドの創業者とされるレイ・クロック氏のエピソードを紹介しました。マルチミキサーのセールスマンだった彼は、折り合いの悪かった会社を辞め五二歳のときに起業し、その後、マクドナルド兄弟が経営していたマクドナルドに目をつけ、アメリカ全土へのチェーン展開を提案。最終的には「マクドナルド」の権利を買い取り、その後、爆発的な急成長を収める……といったものでした。経営は予想外の連続で前頭葉が活性化し、仕事もプライベートも充実していったのだろうと推測ができます。

そして、こうした成功する経営者は、前頭葉も活発に動いているので話も面白いはずです。つまり、アウトプットを魅力的に感じてもらえるようなアグレッシブな知の賢人のイメージに限りなく近いのです。

レイ・クロック氏のような輝かしい成功者を目指すとまでいかなくても、会社人間であった定年前後世代は起業を目指してみるというのも一案です。ただし、定年前後に起業するためには意欲が充実している四十代、五十代から早めの準備が必要になってきます。

また、それまで蓄積してきた知見、経験を活かして、それまでに自分がそれらを培ってきた分野で起業するのが望ましいでしょう。

とくに熟年者の起業で最近増えてきているのがサービス業、なかでもコンサルティングのようです。経営、営業、税務、会計などの知識アドバイザーとなるわけです。コンサルティングであれば、自宅でも仕事ができて元手がかかりません。

さらに、この経験に基づいた経営の知識があれば、大学、大学院に行くことで経営学を学び直すことも可能です。

経営学は経済学よりも歴史が浅い学問です。自らの経営の経験を独自に理論化することもできるかもしれません。つきつめていけば、いずれはピーター・ドラッカーのような理論体系を打ち立てることもできるかもしれません。こうした知識をコンサルタント業務にフィードバックすることもできます。

ただし、起業した場合に経営自体はリスクも大きいのが現実です。家族に迷惑をかけないようにするために、赤字がどこまで増えたら会社をたたむかなどの目安もあらかじめ決めておくべきでしょう。また、会社の信用でつながっていた人脈が定年後に断ち切られることも多く、顧問先はゼロから見つけなければいけないこともあるでしょう。

「心の健康、身体の健康」の専門家系賢人

会社人間だった定年前後世代が目指すべき知の賢人のパターンの二つ目は「臨床心理士や整体師など『心の健康、身体の健康』の専門家系賢人」です。

管理職の激務で自らもメンタルヘルスに悩まされる、部下のメンタルヘルス問題と直面してきた……そういった理由から、定年後はカウンセリングをやりたいと臨床心理士の資格を取るパターンがあります。激務で生活習慣病に悩まされたり、大病をきっかけに身体・健康を見つめ直したりして、東洋医学について学び直し、やがては整体師、鍼灸師などになるパターンもあります。

これらは、定年前後世代にとっては新しい領域であると同時に、彼らより下の若い世代にとっても今後ますます関心が高まっていく領域です。こうした身体の健康、心の健康に関するアドバイスならば、若い世代からも「ぜひ、相談に乗ってほしい」ともちかけられるでしょう。

しかも、新しい領域に挑戦しているだけに予想外の連続で前頭葉が活性化し、活発に動きます。

新しい領域とはいえ、まったく知らない領域ではないだけに、自分の培ってきた知見、経験も活かせるのも魅力です。

知見、経験は大学、大学院に行くことでより開花することもありえます。経営学よりもまだまだ未研究の分野が多い世界です。自らの経験を独自に理論化できる可能性が広がっています。

†心理学はおすすめ

とくに定年前後世代には、心理学の勉強はお勧めできるかもしれません。

大学院に入学して臨床心理士の受験資格を取ることも可能ですし、心理学の本を読み、その技法を学び、習得することで、自分の心も健康になり、人に対してもよいアドバイスができるようになるからです。認知療法であれ、森田療法であれ、いま使われている心理療法は、自分のメンタルヘルスにもよいようです。

認知療法は、人間の精神というのは病気の状態と正常な状態とがそれほど変わらないものであるといった点に着目します。そこで認知のパターンを修正することで、感情の改善をはかろうとするのです。悩んでいる知人がいれば、「それは二分割思考だ」といって、「あなたは白か黒かで考えているけど、グレーだってあるよ」と認知のパターンの可能性を広げることによって諭すことができます。こうした発想は日常会話に使えるはずです。

また、森田療法をかじっていれば、「心がとらわれた」状態になっている知人が、その症状が起こって「どうしよう?」と悩んでいるときに、「それでも大丈夫だよ」と声を掛けることで、気持ちを和らげることもできるかもしれません。

一方で、心理学でも、フロイトの言っていることをメンタルヘルスに応用しようとしたら、とても困難です。フロイトは無意識を基にして議論をしています。フロイト自身が言っているように、無意識は自分では分からないものですから、自己治療に使いにくいのです。

フロイトもフリースという友達と夢を使った自己分析をやっていますが、それは精神分析の熟達者だからできるに過ぎません。友達に悩みを打ちあけられた時に、フロイト流に「それはあなたのエディプス葛藤からきているのだ、あなたは母親のおっぱいを求めているのだ」と言っても、「ああそうか」と友達が納得するというふうにはならないでしょう。

このように心理療法としては扱いにくいフロイトですが、知の巨人として読むことはできます。いっそのこと、心理学を勉強して、定年前後の世代だからできる新解釈を試みてもよいかもしれません。たとえば、『一般意思2・0』(講談社)で東浩紀さんがルソーを新たに解釈しなおしているわけですが、定年前後世代こそ古典の新解釈にチャレンジすべきではないでしょうか。

そこで紹介したいのが、土居健郎先生です。土居先生は外来学問である精神分析を、いかに日本流にアレンジするかということを考えてきました。ところが、土居先生以外の日本の精神分析学者というのは、フロイトをしっかりと理解していれば偉いといった考え方に陥っていました。

たとえば、私たちが、精神分析学会で、患者をうまく治した発表をしても、「そんなことはフロイトは言ってない」などと、フロアから堂々と指定発言をする学者がいるほどでした。たとえフロイトが言っていなくても、治せばよいという発想にはならないのです。こういった発想の学者が学会を牛耳っているなかで、日本流精神分析を考えたのが土居先生です。

そこで出てきた理論が「甘え」の理論なのですが、やはりオリジナリティがあるから、晩年に海外から認められました。ブエノスアイレスで国際精神分析学会が開催された時には、「甘え」の精神医学にまつわるシンポジウムが開催されたほどです。土居先生のすごいところは、年齢を重ねれば重ねるほど、よりオリジナリティを求めていったところでしょう。知の賢人のロールモデル（目指すべき目標）の一人といえます。

文化を再評価する宗教・歴史系賢人

当然、フロイトだけが古典ではありません。古典の新解釈については歴史、宗教と多くの分野で可能です。幸いなことに定年前後世代になると、「わかる」能力が増しています。

学生のころニーチェを読んであまり理解できなかったとしても、年齢を重ねてみると、意外に言っていることが単純なのだと理解できる部分もあるでしょう。哲学でも、「なんだ、こんなことだったのか」と納得させられることは意外にあります。

学生時代は見栄をはってよくわからないまま読んでいた本が、一定の年齢になってから読んでみるとよくわかることがあります。ましてや今の定年前後の人は、見栄をはって哲学書を読んでいた最後の世代でしょう。だからこそ、昔読んでいた難しい本をあらためて読んでみるのもよいかもしれません。

また、これまで哲学を学んだことのない人が哲学を試行してみたいという場合、内田樹さんや土屋賢二さんの本を読んで哲学への抵抗感を弱めていけばよいでしょう。そうすれば、哲学も難しく考えなくてもいいのだと思えるかもしれません。

教養を身に付けるのなら、ころころ変わる新しい教養よりも、古典にまつわるものが有効です。

古典は古びないので勉強する価値があります。また、古典を読んで、そこから自己流解釈することによって思考の幅を広げることもあるでしょう。

哲学や宗教学などを学ぶときには、自分の内面と向き合いながら勉強するべきです。その時に「自分の人生とはなにか？」と考えながら読まなければいけません。こうすることで、勉強が自分の生き方に返ってきます。不安に対する向き合い方を学ぶこともあるでしょう。そういう意味では、哲学、宗教学はなかなか古くなりません。しかも、哲学は自分の哲学として還元されていくものでもあります。

宗教を勉強する際には、瀬戸内寂聴さんのように、いっそのこと信仰を持つという手もあります。現代では、出家してもそれほど制約はないようです。

ただし、宗教に入ったら、どれくらいのお金がかかるのかといった事前調査が必要です。年齢を重ねてから入信すると、出世が早いという新興宗教もあると聞きます。お金を取られるどころか、逆に収入を得られるチャンスもあります。それまで企業の経理畑で働いていた人ならば、「うちの教団の財務をやってください」といわれたり、新興宗教団体を経営側からみることで、新たな道が開けたりする可能性があります。

また、宗教学をじっくり勉強するという手もあります。しかも神道であれば、古文書の見方などの歴史学の基礎を学ぶこともできるでしょう。

たとえば、三重県伊勢市の皇學館大学は、大学四年間で神職階位が取得できる神職養成機関でもあります。日本の思想史、祭祀については神道学科で、古文書などについては国史学科で基礎的な部分からマスターできます。

東京都渋谷区の國學院大学の神道文化学部では、社会人特別選考もあります。夜間主コースも用意されており、定年後に備えて、神道や国学、日本史などを学びたいという人にとっては名前が先行した大学に行くよりも有用でしょう。

また、仏教を学ぶことのできる大学もあります。

†旧態依然たる大学には注意が必要

「高卒で働いてしまったので大学へ入りたい」「大学では当時遊んでばかりで、ちゃんと勉強をしなかったので、大学へ入り直したい（三年次からの学士入学など）」と、考える人も出てくるでしょう。

そこで、注意したいのは大学選びです。というのも、「大学」と一口に言ってもそのタイプは「大量に入学させて、大量に卒業させる、旧態依然たる大学」と「学生は少数だが、学生に合わせて綿密な指導をしてくれる大学」という二種類に大きく分けることができます。タイプによって定年前後世代が十分に順応できるか変わってきます。「旧態依然たる大学」は若い大学生にとっては、単位取得も容易で、サークル活動も活発にできるため、受験者数（入学者数）も多いのですが、その分、教授の意欲も低いことが多く、講義内容は大雑把なものになりがちです。

また、第一章で、現在の日本の大学教育の根本的な欠陥を指摘しました。日本の大学（とくに文系）では、「自分ほど偉い者はいない」と平気で考えている大学教授が大人数に向かって一方的に話すような講義しかありません。何かを引き出すとか、知識を疑わせるとか、いろんな可能性を考えさせるなどという、学生のクリエイティビティを伸ばすことができていません。

文系脳ともいえる側頭葉だけが鍛えられ、理系脳ともいえる頭頂葉や、思考を司る前頭葉は鍛えてくれないのです。このため、前頭葉を鍛える必要がある定年前後の勉強法には、旧態依然たる大学は向いていません。

旧態依然たる大学のカリキュラム自体が受験勉強の延長線上にあって、卒業に必要な知識だけを詰め込ませようという傾向にあります。

つまり、「学士」という学位だけが目的であれば、この「旧態依然たる大学」でかまいませんが、定年前後世代にとっては、こうした大学は知のアウトプットの場もなく、張り合いがないと感じるのではないでしょうか。

また、定年前後世代がこうした大学が設けている通信制のコースを受講するケースもあります。しかし、そういった通信制のコースは、教授の指導意欲が低下しているせいか、指定の教科書も古く、無味乾燥なテーマについてのレポートを決められた回数、提出するような課題ばかりで退屈します。その魅力のなさに途中で投げ出す人も多いでしょう。通信制は意欲の持続が難しいようです。

一方、「学生は少数だが、学生に合わせて綿密な指導をしてくれる大学」であれば、講義の内容も学生の興味に合わせてくれることが多く、学生数が少ないことから、仲間意識が高まります。学生のなかに同好の士がいる可能性もあり、知のアウトプットができる可能性が広がります。

†大学選びの視点も研究テーマ本位で

大学受験をするよりも、一足飛びに大学院の受験を考えたほうがよいかもしれません。というのも、多くの定年前後世代はすでに社会経験を通じて一定の知識があり、学力が低下した若い学生たちと比べるとすでに高いポテンシャルがあるからです。大学にせっかく入っても講義の内容は知っていることばかりということになりかねません。

大学院前期課程（修士二年）では社会人は「社会人経験五年以上」といった要件の下、入学試験が緩和される傾向にあります。

社会での知識を学術の分野にフィールドバックしてほしいとか、単純に入学者を増やしたいという目的なのでしょうが、研究計画書と小論文、面接だけで合否が決まるという大学院もたくさんあります（場合によっては英語も必要です）。大学院では研究計画書をもとに、修士論文を執筆することになるため、研究計画書がしっかり書けていることが重要です。

大学院であれば、若いとはいえ同級生も一定の知識があるので、深い対話ができるでしょう。

大学院の講義や演習の多くが資料集め・発表・討論までを学生自ら行わなくてはならず、知のアウトプットの練習になります。こうした場は「同好の士がともに発表しあう語らいの場」の出発点にもなりえます。異論・暴論ともいうべき自説をどんどん展開しても、指導教授からは「意欲的な学生」として評価されるでしょう。

もし、あまりにも現在の理論体系から外れる異論・暴論であれば、指導教授から「現在の理論体系から逸脱している／本専攻の範囲外である」などというコメントをもらうかもしれませんが、そのコメントをきっかけにさらに関心をつきつめれば、専攻をまたいだ新しい理論体系を生み出せるかもしれません。

このように大学院はアウトプットしやすい環境なのです。定年前後世代で、それまでに培ってきた知識を深掘りしたいという人には、直接、大学院コースに進むほうがよいでしょう。文学、日本史、経営学といった社会や趣味の分野でこの傾向があてはまります。

また、大学院を受験する際には、基本的なことですが、指導教授との相性は重要です。というのも、その指導教授が修士論文の指導、さらにその先の後期課程（博士三年）の博士論文の指導も行うことになるからです。相性が悪ければ、何年かけても、修士、博士の学位がもらえない、などということも起こりえます。

つまり、受験の前に、その大学院には、どのような教授がいて、どういったテーマの論文を発表しているのかなどを調べたうえで、可能であればその教授の講演会などに参加して挨拶を交わしたほうがよいでしょう。その際に、自分の研究計画書の素案を見せて、意見を求めるのも大切です。

はじめて大学受験する十代の頃であれば、偏差値と、知名度、社会にどれだけの人脈を輩出しているかというブランドで大学を選んでしまいますが、定年前後世代にはこういった物差しは不要です。その代わりに、自分が勉強したいテーマについて、しっかりとしたアドバイスができる教授がいるかどうかということが判断基準になります。大学は指導教授（准教授の場合もあります）によって決めるのがよいでしょう。

たとえば、大学院で日本史を深掘りしようと考えても、縄文・弥生時代なのか、江戸時代の文化研究なのか、昭和期の財政の研究なのかといった違いで、指導を受ける教授が異なってきます。

定年前後はいかに効率的にインプットするかが求められるのですから、指導教授は自分が深掘りしたい専門領域にできるだけ近い研究者が望ましい。近い分野の研究者に話を聞けば、自分の研究により有用な教授を紹介してくれることもあるでしょう。こうしたやりとりを経て、何人もの研究者と知り合いになることもできます。

この視点は大学院選びだけでなく、大学選びでも使えます。大学に入ろうという際、有名な大学を選ぶのではなく、自分の関心のあるテーマを研究している教授がいて、その教授が指導するコマ（授業の時間）があること（つまり、在籍しているだけで、ゼミや大学院生の指導をしないという教授もいるので、実際に指導してもらえるかどうか）を確認する必要もあります。

隠れていた才能を発揮させる

若い頃にどこかにおいてきてしまった夢を引っ張り出してきて目標にするという方法も

あります。たとえば、本の出版や、映画の撮影です。これらは、かつてならば敷居が高いものでしたが、いまでは市場が成熟してハードルが下がっています。自費出版ルートも広がっています。小説もブログなどで大勢に発信することができますし、経験が豊富で書くネタはたくさん持っています。若い人に比べて定年前後の世代は、経験が豊富で書くネタはたくさん持っています。

また、どういう論理展開が説得力を持っているか、わかっているはずです。

特に文章の場合、いきいきしているかどうかは、具体例をいくつ挙げられるかどうかにかかってきます。ひとつのことで的確な二、三例を挙げることができればいい文章にみえるでしょう。こうしたことは経験の多い定年前後世代の強みです。若い人たちは人生経験が少ない分、そのような例をあげるのは苦手です。

つまり、モノを書くポテンシャルは定年前後世代のほうがとても高いのです。

また、私の最近の経験から言えば、映画の撮影、映画の監督になることも敷居が低くなってきています。ローコストで、映画産業が華やかなりし頃のレベルの映画が撮れるようになっています（詳しくは後述します）。

昔から、八ミリ映画とか、ビデオ映画みたいなものをつくって、みんなで上映会をするという自主映画の学生ＯＢ版のようなものはありましたが、こういうレベルを超えた機材が現在充実しています。今では、自主映画は若い人のものではなく、大人のためのものになっているようです。

†クリエイティビティのあきらめは早い方がよい

ただし、定年後の勉強では、いったん試行してみて、創造性、クリエイティビティは今後伸びる可能性がないと感じたら、きっぱりとあきらめたほうがよいでしょう。

もちろん、それまでなんらかの創造性、クリエイティビティの才能があった場合は別で、改めてそこを伸ばすことは有効です。しかし、それまでその分野で才能を発揮したという経験もない上に、いちど試行してみて、まったく成果があがらなければ、その夢はあきらめたほうがいいでしょう。

私の知る範囲では、ラジオパーソナリティの吉田照美さんは五〇歳を過ぎてから絵画を始めました。欧州美術クラブ主催の美術賞展に入選するなど、今では評価されてラジオ局・文化放送の一階に吉田照美さんの絵が飾ってあるほどです。

ことわざにある「五十の手習い」のようにも見えますが、吉田さんの場合は、学生時代から美術の成績がよく、芸術家を志そうとしたが親にとめられたという経緯があるようです。

つまり、自分に絵画の才能があると気付かなかったのではなく、才能を開花させるタイミングがなかっただけなのです。五〇歳を過ぎて、それまであった絵画の才能を開花させる努力を始めたということです。

このように、それまでにあった才能を伸ばすことは可能ですが、才能がない場合は期待できません。ただし、自分に秘められた才能があると思うのならば試行してみるのもよいでしょう。そして、向いていなければきっぱりとあきらめればよいのです。

たしかに、絵画はハードルが高いかもしれませんが、小説などの文学では年齢を重ねたことで味が出てくる可能性があります。ためしに小説を書いてみたら、意外に面白いサラリーマン小説が書けたとか、あるいは奥さんに対する愚痴を書きつらねた、ぼやき小説みたいなのが世の中で受けるということもあるでしょう。

人生経験によって、脚色力、表現力が良くなる可能性はあります。小説、短歌、川柳……こういった分野は、やっているうちにうまくなってくることもあるようです。ただし、過去に挑戦したことがあって、まったく才能がなくて、うまくいかなかったという経験があるのであればあきらめるほうがよいでしょう。

こうしたときには、あきらめの良さとか損切りが重要になってきます。あきらめた後、ほかのものへのチャレンジを繰り返すほうがよほど賢いのです。とにかく興味を持ったら、色々なものをやってみる。そうしたら思わぬ才能が見つかるかもしれません。

以上が「知の賢人」の四つのパターンです。もちろん、これら以外にも主観的人生の充実のための勉強のパターンはあるでしょう。四つのパターンは参考として考えてもらえればと思います。重要なのは前頭葉への刺激を意識すること、魅力的なアウトプットのできる知の賢人を目指すことです。

何をやるのかを明確にする

具体的な勉強に向けての環境整備を説明します。実際に何を勉強するのかは、ここで紹介する四条件をクリアできるかどうかがポイントになります。

まず、一つ目は最終的な目標を立てることです。

「知の賢人になりたい」という目標であれば、より具体的に「何らかの資格を取りたい」「人に面白いと思われたい」「ライフワークとなる文章を書きたい」「国際情勢について語ることのできるブロガーになりたい」といったそれぞれの目標を明確にする必要があります。

二つ目は、お金と時間の問題、物理的制約を知ることです。

一つ目で設定した目標のためにはいったいどれくらいのお金と時間を必要とするのかを調べておくべきです。たとえば、大学や大学院、専門学校での学び直しが必要になる場合があるでしょう。また、海外留学をしたほうが、目標に近づくケースもあるでしょう。こうした物理的制約をあげて、それに対してどう対応するかを考えないといけません。

三つ目は、道具のレベルを知ることです。

道具とは英語力やパソコンを利用できる能力などを指します。目標によって、それぞれ必要とされる道具は変わってきます。なんらかの研究をする際に、国内の文献だけですむ場合もあれば、海外文献が必要な場合もあります。また、経済学などでも統計的な検証をする道具が必要になることもあります。

つまり、目標から求められる道具のレベルと、自分が実際にその道具をどこまで使うことができるのかを見極める必要があります。これは第一章で説明してきた受験勉強と同様です。

四つ目は、リソースがどれくらい確保できるかです。

リソースとは、人脈、周辺環境のことです。目標に向けてどんな先生に習うのか、その先生はどういう人脈を通じて紹介してもらうのか、情報を集めるために十分なネットリテラシーがあるのか、近所に自分の知りたい情報・文献を気軽に集めることのできる図書館があるのかなどといったリソースを確認しておくべきでしょう（図書館よりはパソコン環境の充実がのぞましいとは思います）。こうしたリソースを効果的に組み合わせることができれば、目標への最短コースをたどることができるはずです。

こうした四条件、

①最終的な目標を立てること
②（目標に向けての）お金と時間の問題、物理的制約を知ること
③（目標に向けての）道具のレベルを知ること
④リソースがどれくらい確保できるか

POINT！

①〜④がクリアできる勉強を選ぶ

①最終的な目標を立てること
②お金と時間の問題、物理的制約を知ること
③道具のレベルを知ること
④リソースがどれくらい確保できるか（確保すること）

これらを検討した上で、これらが全部クリアをできているかを考えます。もし、クリアできていれば実際にとりかかりはじめてよいでしょう。

しかし、そうでない時はこの四条件をクリアできるまで十分な時間をとるか、今回設定した目標をあきらめて、別の目標を設定し直して①から探し直すべきです。つまり、あなたの目指す目標と現実との間にさまざまな障害があるものよりも、より障害が少ない、最短コースでたどりつくことのできる目標を選ぶのがよいでしょう。

こうして①〜④をクリアした場合には、その勉強を五年から一〇年をかけてきわめていけば、たいがいひとかどのものになるはずです。では、この四条件をより詳細に見ていきましょう。

†まずは「自分が好きなものでなければならない」

一つ目は最終的な目標を立てることでした。といっても目標を設定すること自体が簡単ではありません。目標の設定の際に、考えてほしいのは、設定すべき目標はアウトプットが効果的にできるかどうかです。

また、自分のどのポイントが魅力的なのかなかなか自分ではわかりません。それを知るためには、自分が慣れ親しんだ人たちではなく、異分野の人の視点を利用するとよいでしょう。

もし、同窓会があった場合に、私が興味を持つのは、自分の知らない業界・分野の人の話です。同じ医療の世界の人と話すよりも、銀行で働いている人の話や役所で働いている人の話に興味があります。金融業界のウラの話や、役所の意思決定、予算の使われ方を聞くほうがタメになります。

小説家が同じ小説家と集まって情報交換することは少ないと聞いたことがありますが、それもそういった理由からでしょう。

金融マンであれ、魚屋であれ、専門的な業界の話は奥深いものがあります。そういった会話を経て、自分は他の人が知らない知識を持っていると自覚することが大切なのです。

しかし、ビジネスマンの多くは同業界の人たちと情報交換することを好む傾向にあるようです。それでは、自分の知識を社会でどのように活かすことができるか、どのような意味があるのか、見えてこないことが多いでしょう。

先に記した外山滋比古先生との対談でも出てきた話ですが、会社以外の人間関係を維持しておくことはこの観点からも大切です。

様々な人の話を聞くことで、現在の生きた知識、昔と比べてどう変化したかなど、わかることは多いはずです。

このように自分の強みをより伸ばそうと考えるのも一つの方法です。ここは、若い頃の勉強と一緒です。一般的に苦手科目から始めてしまいますが、それでは挫折するおそれがあります。若い頃の勉強は苦手を克服するということが多かったかもしれませんが、定年後の勉強ではその逆となるのです。

そして、同時にそれは自分が好きなものでなければなりません。自分が好きなものでない限り、意欲がなかなか出てこないからです。

†四十代のときの自分がスタートラインになる

一つ参考にしてほしいのは、「四十代に好きだったものは、その後、一生好きである」という事実です。二十代、三十代のときには様々なことに関心を持ち、好きになったり、疎遠になったりすることを繰り返しますが、四十代になって好きだと思えたことは、その後、一生変わりません。

つまり、四十代の自分がその後の人生のスタートラインといえるのです。

たとえば、四十代でワインにはまった人はそれ以後、ワイン嫌いになることはまずありません。一生ワイン好きなのです。

しかも、ワインにはうんちくがたくさんあります。それを語る（アウトプットする）だけでも周囲からはすごいといってもらえるでしょう。たとえば、「アメリカのワインとフランスのワインは何が違うか」という話があります。

その違いとは「アメリカはブドウを飲ませる、フランスは土を飲ませる」という点です。その意味は、アメリカはいいブドウを使って、いい醸造をすればおいしいワインができて、味で勝負するのですが、フランスはロマネコンティと同じブドウを使っても、フランスのブルゴーニュ地方のワイン製造会社ロマネコンティ社が所有する畑で採れない限りは、ロマネコンティの商品とはならないということです。別の畑ですと、値段は一〇分の一、一〇〇分の一になってしまうのです。

このようにフランスではワインの土壌の特徴（テロワール）がワインの決め手となってしまうために畑至上主義となります。そうした発想のないアメリカならば、ブドウは継ぎ木をすれば同じブドウをつくれるわけですから、オーパスワンがうまいとなったらオーパスワンを大量生産します。こうした話はタイミングよく話すことができると非常に面白がられるでしょう。面白がられれば、また会ってみたいと思われるわけです。

また、私は昔から映画が好きなため、大学生の頃からコアな映画雑誌を読みこんできました。ワインの話ほど、きれいにはできませんが、そこで得たマニアックな映画知識をうまくアウトプットできます。ＡＶの世界で巨匠といわれる代々木忠監督と話をする機会があったとき、黎明期のピンク映画の話で盛りあがることができました。

このように昔から好きなものに関する話題をうまく話す能力があれば、聞いている側からは魅力的に感じられるでしょう。

†インプットは可能な限り最短コースで

二つ目は、お金と時間の問題、物理的制約を知ることでした。

定年後の勉強は受験勉強と違うところがたくさんありますが、なかでも重要なのが、定年後の勉強はお金を気兼ねなくかけることができるということです。

私も留学期間にお金をかけてよかったと思っています。とくにアメリカの場合、お金をかければかけるほど、ハイレベルなことを多く学ぶことができました。

定年後どのくらい恵まれているかは人によって異なりますが、多少なりとも若い頃とは金銭価値は違ってきます。ゴルフのレッスンで、かなりレベルの高い人に教えてもらえるなら、レッスン料が一時間一万円でも払ってもいいやと思える人は結構いるはずです。学びたいことのレベルに応じて、プライベートティーチャーを雇えるかもしれないのです。

また、時間については無限にあるように思えますが、どれだけの時間を定年後の勉強に取れるかも確認しておく必要があります。仕事をしなくてすむからといって無限に時間があると思ったら、大間違いです。そうした意識をもっていると、なかなか目標も決められないし、ある程度集中して目標に取り組むこともできないでしょう。

三つ目は、道具のレベルを知ることです。しかし、ここで注意したいことがあります。道具のレベルが高いと、道具自体が目的化してしまうのです。

たとえば、何らかの目標のためには英語が必要であるとします。英語ができるようになろうとしたときに、その英語を道具としてどのように使うかを明確に意識しておかないと、英語を習得するということ自体が目的になってしまいます。これはパソコンに関する能力についても同様です。

当然ながら英語やパソコンという世界も奥深いものです。いちど始めてしまうとできるだけ習得したいという意欲が出てくるかもしれません。ただし、そのまま道をきわめて、賢人になれるのか、誰かに評価されるのかという疑問です。

もし、英語を評価されるレベルにまで極めようとすると、海外でしばらく生活することは欠かせないでしょう。それだけ時間とお金をかけても、子どものころから英語圏で暮らしたバイリンガルの帰国子女にはなかなか敵いませんから、その苦労は自己満足に過ぎなくなってしまいます。

道具として活用するはずがその道具だけをひたすら磨いていて、いざ、道具を使用するという機会がなくなってしまうというのはもったいないことです。

四つ目は、リソースがどれくらい確保できるかでした。リソースとは、人脈、周辺環境のことです。

たとえば、本を出したいという場合、出版社や製本所に人脈があれば安く簡単に本をつくることができます。自費出版専門の出版社で出版するよりも、自費出版のコストを下げることもできるかもしれません。

また、自費出版専門の出版社では書店に流通させるための図書コードを取得するためにはさらにコストがかかりますが、ふつうの出版社にルートがあれば、そういったコストを下げることができます。コストを下げた分は自らの創作活動に注力できる可能性もあります。

英会話はあきらめる

第三章で強調してきたように、定年後の勉強法はアウトプットを重点的に行うべきです。そのために、インプットの作業は可能な限り最短の道を選ぶことをお勧めします。

定年後の勉強にはきっぱりとあきらめたほうがよいこともたくさんあります。その代表的なものが英会話です。「旅行に行ったときに使えるように」「買い物できるように」と英会話を目標にすえる人もいるかもしれません。

しかし、定年後の勉強においては、英会話はあきらめたほうがよいです。ここではっきりとしておきたいのは、英語全般ではなく英会話に限っている点です。

なぜなら、二十代三十代で留学しても英会話の上達はなかなか期待できないように、耳がよくなることがほとんどない定年後では英会話の能力があまりあがりません。

たとえば、英語の簡単なフレーズ「thank you」を読みあげて、英語圏の外国人に通じるか試してみればよいでしょう。日本語でいう「サンキュー」では伝わりません。それは、THサウンドとSサウンドは違うからです。日本人はTHサウンドをなかなか出せず、Sサウンドになってしまいがちです。

英語にはひとつひとつの単語にアクセントがあり、それを正確に伝えることができる人は意外にいません。また、ひとつの文章にもイントネーションがあります。こうしたことをすべて会話で正確に行うことは実はとても難しいのです。

それでも、英語の読み書きなら、社会人は昔とった杵柄や仕事上での経験で、学生よりはるかにレベルが高いことがあります。つまり、英語の読み書きであれば伸びが期待できるのです。定年後からでも努力によってかなり向上するでしょう。

英語の読み書き能力が向上すれば、興味の幅もひろがってきます。たとえば、インターネットのニュースを読めるとか、英語でシェイクスピアが読めるとか、経済学者の新しい理論を読むとかできれば、いままで以上の情報にアクセスできるようになるでしょう。ただし、あくまでこれも道具としての意識を忘れないことが大切です。

本は全部読まなくていい

ここで、読書術についてもアドバイスをしておきます。

定年後、読書をするときには一冊の本を全部読まなくても大丈夫です。時間があるからといって一冊の本を最初から最後まで全部読んだほうがよいだろうと思ってしまいますが、ある目的、ある目標ができれば、それに必要なところだけ読めば十分なのです。

アメリカの精神医学校に留学中、たくさんの文献を読まされましたが、そのなかでも講師がテキストの一部だけを読むように指定することがありました。最初は一部だけで大丈夫なのか不安になりましたが、読んでみて、本の一部だけを読むほうが、本の趣旨が明確になると気づきました。

以来、講師からのテキストの範囲指定がなくても、一般的な理論とどこが違うのか、どこが定説と同じかということを意識して読むことができるようになりました。

本には、一般的な理論、定説と、その本ならではの独自な視点、ポイントが書かれています。一般的な理論、定説はすでにひととおり身につけているのであれば、そこは読まなくてもよいのです。その本ならではの独自な視点、ポイントだけを読むことで、その本の重要なポイント、特色を最短コースでつかむことができます。一冊読みこむより、エッセンスは何なのかを読むほうが定年世代の読書に向いています。

たとえば精神分析の本でも、ベースの考えをつかんでおけば、どの部分が一般と異なっているかなどが見えてくるようになります。精神分析の理論家のどういうところが斬新なのか。理論家の名前を一〇人あげて、その一〇人の理論にどういった違いがあるのか、ぱっと出てくるようになれば、日本ではプロの学者レベルに追いつけるのです。

また、本は読むことに時間をかけるよりも、読んだあとに時間をかけるべきです。

経済であろうが歴史であろうが、同じテーマの本を五冊読んだ場合に、読み終わったあとに理論の違いを検討するといった比較・対照・分析のほうに時間をかけないと、読んだ価値は出てきません。あくまで本を読むという行為は目標に近づくための道具にすぎないのです。

つまり、私の勧める読書法は、速読ではなく、一部熟読法です。

一冊の中で、大事なところを繰り返し熟読する。あるいは、そこの部分についてはインターネットを使って枝葉情報まで調べる。インターネットでも、いまの若い人はウィキペディアとか簡単にわかるサイトしか読まないようですが、それだけでなく、他にはどのような説があるのか幅広く調べるほうがよいでしょう。

また、異論、暴論が出てきた際には、必ず裏付ける資料があるのかどうかを調べるべきです。統計数字にあたるなども試みるべきでしょう。異論、暴論をそのまま受け入れることなく裏付ける資料を探すことで、批判的な視点をもって、自分の経験をもとに、実際はこうではないかとツッコミができるようになるのです。こうして意識的に枝葉情報まで調べることは、衰えた記憶の埋め合わせ（compenstation）にもなります。

映画監督が夢ではなくなった

私の映画監督の経験を事例に考えていきましょう。

私が自腹を切って映画を撮ろうと決めたのは四五歳の時です。一年かけて脚本を完成させ、実際に撮ったのは四七歳でした。まさに、「四十代の時に好きだったことはその後、一生好き」という言葉を地でいくようなものです。

といっても、この映画好きは四十代のときに始まったことではありません。大学時代は、八ミリ映画を撮って自主映画の団体の幹事をやっていたほどの映画好きでした。さらに教育産業での稼ぎとイベントの利益で一五〇万円ほどお金が貯まったので一六ミリの自主映画にもチャレンジしました。

お金の問題もクリアし、またプロ用の撮影機材もレンタルではなく買うことができました。学生でしたから、時間も十分にあり、協力してくれるスタッフや、マスコミの知り合いだけでなく芸能プロダクションの知り合いもいっぱいできて、売れるという期待もありました。タダで出てくれる役者さんも何人もいるという状況で映画の撮影を開始したのですが、結局、映画は頓挫してしまいました。

これは、まさにこれらの制約がわかっていなかったことによります。

お金についても、やはりきちんと計画して撮影していかないと、フィルム代が高いのでどんどんかさんでしまいます。また、自分には時間があり、機材のレンタル代もかからないので、いくら時間をかけてもいいと思っていましたが、当然プロの役者さんの拘束には限界がありました。

結局、二カ月ほどして、プロの役者さんがこれ以上は出られないという話になり、映画は中止になり、借金だけが残りました。

ただ、そのときに、衣装会社の社長さんが、プロの現場を一度見て来いと、叱咤激励してくれました。

結果的に、二本ほど、段取りのいい映画の現場にべったり（二週間ずつですが）つかせてもらって、おおむね現場の段取りを覚えました。

結果的に四七歳で初めて、映画を撮ることができました。その際も、助監督に段取りを任せて、というか、いい助監督をつけてもらうようにプロデューサーに頼んで、無事に二二日で撮り終わることができました。

それがモナコの映画祭でグランプリを取ったわけですが、学生時代の苦い経験があったので、賞をいただいた以上に撮り終えることができたことが嬉しかったものです。

ついでに道具のレベルの点ですが、今の映画監督は、機械の改善が進んで、モニターを見ながら演出ができます。

だから、映画を撮る際に、観客としての目で見ることができるのです。昔のようにカメラの位置をみて、どんな風な絵になっているか想像しなくてもいいので、私のような素人でも、客としての目がしっかりしていたら、賞をとれるような映画も撮れたというわけです。

さらに、デジタル化によって、映画を製作する費用が格段に安くなったのです。

フィルムの時代には、フィルムに多くの費用がかかりました。三五ミリのフィルムは一ロール一〇〇フィートで一分ぐらいにしかなりません。このため、ピンク映画などの低予算映画で、フィルムの取り合いがあったほどです。一ロール現像焼き付けで一、二万円かかっていたのです。

ピンク映画で予算三五〇万円だったとして、フィルム代だけで七〇万〜八〇万かかります。そもそもフィルムに余裕のないピンク映画は上映時間の一・二倍ほどしかカメラをまわしません（通常の映画では三〜五倍ぐらい）。それでも、一・二倍のフィルムを一・一倍にする、一・〇五倍にするくらい撮り損ないが少なくて、フィルムをできるだけ浮かした監督が優秀とされてきました。

いま、このフィルムの代わりになるのがSDカードです。驚くかもしれませんが、SDカードでも相当な高画質でとることができます。中規模な劇場ならフィルムで撮ったものとたいして変わりません。三二ギガのSDカードでも一万円もしません。だいたい映画館でかけられる画質で撮るとしたら、一時間で一〇ギガぐらい必要となります。

ブルーレイ画質よりも上のものでも、一〇ギガ分の映画をつくるとすれば、たいていは、三〇ギガ分ぐらいカメラをまわすのですが、三〇ギガ回したとしても、三二ギガのSDカード一枚分くらいなので、一万円もかからないくらいなのです。

たとえば、前編・後編で興行収入八〇億円の「デスノート」もデジタルで撮られていますが、多くの人は違いに気がつかないでしょう。多くの映画が実際にデジタルビデオカメラで撮られ、それを三五ミリに焼いて上映されているのです。それぐらい映画は金のかかり方が変わってきました。

カメラは今では映画用が六〇万円くらいで買えます。今は映画館でも三五ミリだと、映写技師を雇わなければいけないし、火事になるリスクもあるために、どんどんデジタル化しています。ですから、フィルムで撮ってデジタルでかけるということさえあるのです。

現在、一般的な劇映画で撮られているものは年間六〇〇本あって、実際に映画館にかかるものは一五〇〜二〇〇本しかありません。映画館にかからなくても、本物の映画が六〇〇本もあるのです。つまり、デジタル化で、この六〇〇本の中に自分の映画を加えることができるかもしれないのです。

このように状況が変化したので、四条件の①の目標として映画製作が昔と比べものにならないくらい容易なものになりました。

†照明も編集もお金がかからなくなった！

①の最終的な目標として映画の撮影が無謀なものでなくなったのは、②のお金と時間の問題、物理的制約が大きく変わったからです。

たとえばデジタル化で変わったのは、照明がほとんどいらなくなったことです。ベタな作品でよければ、家庭の蛍光灯程度の照明で撮れます。三五ミリのフィルムであれば、その程度の照明では絶対撮れませんでした。少しプロっぽく撮るとしても照明技師さんをひとり雇って、その人についていてもらえば十分なのです。

カメラも自分で回すとしても、昔のものだとピントがあわないことはありましたが、いまは露出であろうとピントであろうと自動でできます。もちろん映画用に本格的にやれば、顔をきれいに映すことや深みを出すことも可能です。

編集作業も大きく変わっています。編集作業がマッキントッシュでできてしまうのです。マックの映画編集のソフトも三万円ぐらいです。自分でソフトを持っていれば編集に一カ月かけることもできますし、その間のお金もかかりません。多少照明が悪くても、それで色や音の調整やフェードイン・アウトなどの調整、文字の書きこみなどもできてしまいます。映画館で上映されるレベルの映画で、フルスタッフを雇えば、撮影中一日二〇〇万円かかりますが、一日一〇万円ぐらいの人件費で、がんばって二〇日間ぐらいで撮る、あとは自分で編集するみたいなスタイルだと、二〇〇〜三〇〇万円で映画は撮れます。

また、映画の場合には、③「道具のレベル」についてはスタッフ、キャストがあてはまりますが、これに関してはお金と熱意さえあればなんとかなります。もちろん、前述のハードに関してはプロの機材と同等のレベルが可能です。

シナリオは私の場合は、中園ミホさんという脚本家と知り合いになり、中園さんの弟子の方を紹介していただき、私がアイディアを出し、その方が二週間なり、一カ月なりで形にしてくれました。そこで、こうしてほしいと要望を出し、やりとりが続いて、一年かけて脚本が完成しました。

監督はお金さえあれば、脚本だって自分で書く必要はありません。自分のやりたいことにできるだけ近づけるように、脚本にダメ出しをすることができれば、いい作品が出来上がってくるのです。

脚本に関しては、定年後だから一年かけて書いてもよいかもしれません。あとは、その脚本を見せて意気に感じた役者がいれば出てもらえるでしょう。これは熱意次第ということです。いいライターを雇い、いいカメラマンを雇い、いい音楽家を雇えば、いい映画ができます。

ただし、文句がいえるのはお金を払っている限りのことです。自主映画的にコストを下げてやっていたりすると、なかなか文句はいいづらくなるのも現実です。

†専門家の知恵を借りて最短距離で監督ができる

映画の場合にいちばん重要なのは④「リソース、人脈」です。

私が映画を撮るという時も、お金ができたからといって撮れるわけではありませんでした。どうやって撮影をしていくかという手順や経験不足を補えるノウハウを持った人脈が必要です。ある程度の映画を撮るとして、自分の予算でどれだけのキャストを使えるのかというノウハウです。

キャストが決まれば、執行予算も決まってきます。フルスタッフであれば、一日の人件費が二〇〇万円くらいかかります。キャストに払う金額を除いて三〇〇〇万円残ったとしたら、一五日で撮らなければいけません。四〇〇〇万円なら二〇日で撮らなければいけないといった条件が決まってきます。その上で、二〇日で撮影を割り振るにはどうしましょうという話になります。

これだけの期限に収めなければいけないとなったときに、現実的な判断に迫られるわけです。これは映画製作にかかわった経験がなければまったくわからない話です。

二〇日で撮りたいなら、助監督はプロを雇わなければいけません。彼らは豊富な経験を持つ、段取りのプロだからです。さらに基本的に、カメラマンとか照明などプロ五、六人を雇うことで、映画の可能性は広がっていきます。つまり、ノウハウを持つ技術者の力を借りて、短縮できるところは短縮するのです。

私も第一作目のときは何にも知らなかったのでずいぶんお金をかけてしまいました。しかし、一度映画作りのすべてを体験したことで、どこにお金をかけ、どこを安く仕上げるかの方法はわかりました。

また、ドキュメンタリーならば話は違ってきます。昔はドキュメンタリーでも三五ミリで撮っていました。たとえ、自分のカメラで撮っていても照明などが必要で、それだけで五〇〇〇〜六〇〇〇万円かかることも珍しくなかったですが、いまは格段に安くできます。

そして、製作した作品を上映するときには、観客をどのくらい集められるかによります。デジタルから三五ミリに焼き直すのは二五〇〇万円ぐらいかかりますが、SDカードからブルーレイに焼くのならば、ほとんど費用はかからないので、ブルーレイ上映ならどこのホールでも可能です。さすがに映画館は難しいと思いますが、自主コンサートみたいなことはできるでしょう。

定年後の勉強法として考えてみると、映画監督になるために、二年ぐらい映画学校に通うのも面白いかもしれません。

現在、映画の専門学校はたくさんあります。昔から、日活芸術学院、横浜放送映画専門学院（いまは日本映画大学）のように、高校を出て映画学校に通うという人はいました。昔の映画監督はインテリで映画会社の正社員でしたが、今は映画学校出身の監督が増えてきました。映画学校に通えば一通りの技術を覚えることができます。映画を製作するスタッフはその生徒たちの中から有志で募ればよいでしょう。二年間一緒にいれば、自然に他の生徒たちの個性と才能も見えてきます。

また、その生徒たちも才能の塊です。数年後には才能を開花させて監督になる人が出てくるでしょう。定年前後に入学すれば、個性にあふれた若者から多くの刺激を受けるはずです。

適材適所で自分の映画のスタッフ、キャストになってもらうこともできます（学生生活は二年間をかけてのオーディションと捉えることもできます）。重要なスタッフはプロ五、六人を雇い、彼らプロに、その他スタッフ・キャストとして参加する、才能にあふれる若者のサポートまでしてもらえれば、活気のある撮影現場となるはずです。

定年前後世代は生徒たちから頼りにされることは間違いありません。なにしろ、生徒のなかでいちばん映画を見ているのはあなたのはずだからです。

あとがき――「勉強」を狭く考える必要はない

私は映画に夢中になっていますが、いずれは、パイロットに興味があるので、飛行機の免許を取りたいと思っています。免許取得のためには一〇〇時間ぐらい飛ばなければいけません。日本では五〇〇〜六〇〇〇万円かかりますが、米国だと一五〇〜二〇〇〇万円で済むようです。櫻井よしこさんも飛行機の免許を持っていて、飛行機をかっ飛ばすのが趣味のようです。アメリカの実業家でも自分で操縦する人はたくさんいます。

このように、定年後の勉強は「勉強」という言葉にこだわらなくてもいいのです。リタイア生活は、好きなこと、これまでできなかったことを勉強する機会と捉えてください。

老化とは、さまざまな機能が衰えていくことです。

本来、生物学的な意味での成熟とは、生殖に向けて機能が整っていくことですし、心理学の世界で言う「認知的成熟」とは、自分とは別の考え方やグレーゾーンを認められるようになることです。これがこの本で考えてきた知の賢人のロールモデルです。

定年後の勉強として、自分を充実させるとか、ある種食えるようになる、教養をつける、自己満足を得るなども考えられます。

この年代の人にとって重要なことは、いかに知的であるか、いかに知の賢人であるかということです。知的であれば周囲から評価されるし、何よりもモテます。

知的に見せると、まわりが素敵だと思ってくれるので、より知的であろうとし、好循環が生まれます。知的な自分というアイデンティティが生まれると勉強に抵抗がなくなります。昔は勉強していたらガリ勉と非難されましたが、年齢を重ねての勉強は評価の対象となるのです。

何をやるのか、やりたいことに応じて準備は異なります。そしてそれは受験の勉強と違って人それぞれです。いずれにせよ、一生ものの勉強をしていただきたいのですが、これまで紹介したように、中高年になるほど、覚えたもののひきだしを開けることなどが難しくなることも認識しておくべきです。

このために試行といったプロセスも重要になってきます。年齢を重ねた人ならば、試行のプロセスも人生にとって決してマイナスにはならないということがわかっているはずです。

定年前後世代には、どんどん試行して、目標を設定し、勉強を進め、誰もが憧れる知の賢人になっていただければと思います。

末筆となりますが、本書の編集の労を取っていただいた松井克明さんと筑摩書房の橋本陽介さんには深謝します。

ちくま新書
978

定年後《ていねんご》の勉強法《べんきょうほう》

二〇一二年九月一〇日 第一刷発行
二〇一二年一〇月一〇日 第三刷発行

著者 和田秀樹（わだ・ひでき）
発行者 熊沢敏之
発行所 株式会社 筑摩書房
東京都台東区蔵前二-五-三 郵便番号一一一-八七五五
振替〇〇一六〇-八-四一二三
装幀者 間村俊一
印刷・製本 株式会社 精興社

乱丁・落丁本の場合は、左記宛にご送付下さい。
送料小社負担でお取り替えいたします。
ご注文・お問い合わせも左記へお願いいたします。
〒三三一-八五〇七 さいたま市北区櫛引町二-六〇四
筑摩書房サービスセンター 電話〇四八-六五一-〇〇五三

ISBN978-4-480-06682-4 C0295

ちくま新書

312 天下無双の建築学入門 藤森照信
柱とは？ 天井とは？ 屋根とは？ 日頃我々が目にする日本建築の歴史は長い。建築史家の観点をも交え、初学者に向け、建物の基本構造から説く気鋭の建築入門。

339 「わかる」とはどういうことか――認識の脳科学 山鳥重
人はどんなときに「あ、わかった」「わけがわからない」などと感じるのか。そのとき脳では何が起こっているのだろう。認識と思考の仕組みを説き明す刺激的な試み。

363 からだを読む 養老孟司
自分のものなのに、人はからだのことを知らない。たまにはからだのことを考えてもいいのではないか。口から始まって肛門まで、知られざる人体内部の詳細を見る。

434 意識とはなにか――〈私〉を生成する脳 茂木健一郎
物質である脳が意識を生みだすのはなぜか？ すべてを感じる存在としての〈私〉とは何ものか？ 人類に残された究極の問いに、既存の科学を超えて新境地を展開！

557 「脳」整理法 茂木健一郎
脳の特質は、不確実性に満ちた世界との交渉のなかで得た体験を整理し、新しい知恵を生む働きにある。この科学的知見をベースに上手に生きるための処方箋を示す。

879 ヒトの進化 七〇〇万年史 河合信和
画期的な化石の発見が相次ぎ、人類史はいま大幅な書き換えを迫られている。つい一万数千年前まで生きていた謎の小型人類など、最新の発掘成果と学説を解説する。

966 数学入門 小島寛之
ピタゴラスの定理や連立方程式といった基礎の基礎を出発点に、美しく深遠な現代数学の入り口まで到達する道筋がある！ 本物を知りたい人のための最強入門書。

ちくま新書

116
日本人は「やさしい」のか
――日本精神史入門
竹内整一
「やさしい」とはどういうことなのか？　手垢のついた「やさし」を万葉集の時代から現代に至るまで再度検証しなおし、思想的に蘇らせようと試みる渾身の一冊。

377
人はなぜ「美しい」がわかるのか
橋本治
「美しい」とはどういう心の働きなのか？「合理性」や「カッコよさ」とはどう違うのか？　日本の古典や美術に造詣の深い、活字の鉄人による「美」をめぐる人生論。

769
独学の精神
前田英樹
無教養な人間の山を生んだ教育制度。世にはびこる賢しらな教育論。そこに決定的に欠けた視座とは？　身ひとつで学び生きるという人間本来のあり方から説く学問論。

532
靖国問題
高橋哲哉
戦後六十年を経て、なお問題でありつづける「靖国」を、具体的な歴史の場から見直し、それが「国家」の装置としていかなる役割を担ってきたのかを明らかにする。

910
現代文明論講義
――ニヒリズムをめぐる京大生との対話
佐伯啓思
殺人は悪か？　民主主義はなぜ機能しないのか？――ニヒリズムという病が生み出す現代社会に特有の難問について学生と討議する。思想と哲学がわかる入門講義。

946
日本思想史新論
――プラグマティズムからナショナリズムへ
中野剛志
日本には秘められた実学の系譜があった。『TPP亡国論』で話題の著者が、伊藤仁斎、荻生徂徠、会沢正志斎、福沢諭吉の思想に、日本の危機を克服する戦略を探る。

596
「分かりやすさ」の罠
――アイロニカルな批評宣言
仲正昌樹
「分かりやすさ」という名の思考停止が蔓延している。敵／味方で「世界」を線引きする二項対立がかくも蔓延しているのはなぜか。「批評」の可能性を問う渾身の一冊。

668
気まぐれ「うつ」病
――誤解される非定型うつ病
貝谷久宣
夕方からの抑うつ気分、物事への過敏な反応、過食、過眠……。今、こうした特徴をもつ「非定型うつ病」が増えつつある。本書はその症例や治療法を解説する一冊。

427
週末起業
藤井孝一
週末を利用すれば、会社に勤めながらローリスクで起業できる！　本書では「こんな時代」をたくましく生きる術を提案し、その魅力と具体的な事例を紹介する。

884
40歳からの知的生産術
谷岡一郎
マネジメントの極意とは？　時間管理・情報整理・知的生産の3ステップで、その極意を紹介。ファイル術からアウトプット戦略まで、成果をだすための秘訣がわかる。

878
自分を守る経済学
徳川家広
日本経済の未来にはどんな光景が待ち受けているのか？　徳川宗家十九代目が、経済の仕組みと現在へ至る歴史を説きながら、身を守るためのヒントを提供する！

628
ダメな議論
――論理思考で見抜く
飯田泰之
国民的「常識」の中にも、根拠のない〝ダメ議論〟が紛れ込んでいる。そうした、人をその気にさせる怪しい議論をどう見抜くか。その方法を分かりやすく伝授する。

701
こんなに使える経済学
――肥満から出世まで
大竹文雄編
肥満もたばこ中毒も、出世も談合も、経済学的な思考を上手に用いれば、問題解決への道筋が見えてくる！　経済学のエッセンスが実感できる、まったく新しい入門書。

842
組織力
――宿す、紡ぐ、磨く、繋ぐ
高橋伸夫
経営の難局を打開するためには、〈組織力〉を宿し、紡ぎ、磨き、繋ぐことが必要だ。新入社員から役員まで、組織人なら知っておいて損はない組織論の世界。

849
40歳からの腸内改造
松生恒夫
40歳の「腸」は、とてもくたびれている。乱れがちな便通、慢性便秘、緊張性の下痢、ポッコリしたガス腹……。重大な病気になる前に、自分でできる効果抜群の整腸法。

688
頭脳勝負
——将棋の世界
渡辺明
頭脳はもちろん、決断力、構想力、研究者としての力量。将棋では人間の総合力が試される。だからその戦いは観ているだけで面白い。将棋の楽しみ方がわかる本。

771
カメラに訊け！
——知的に遊ぶ写真生活
田中長徳
銘機や35ミリフィルムの誕生秘話とその活躍、レンズに宿る空気感の正体、そして高級デジカメとの付き合い方、さらに写真家チョートクのカバンの中身まで大公開！

952
花の歳時記〈カラー新書〉
長谷川櫂
花を詠んだ俳句には古今に名句が数多い。その中から選りすぐりの約三百句に美しいカラー写真と流麗な鑑賞文を付し、作句のポイントを解説。散策にも必携の一冊。

903
電車のしくみ
川辺謙一
毎日乗っている通勤電車はどうやって動いているのか。そのメカニズムを徹底解剖。鉄道ファンのみならず誰が読んでもわかりやすい、電車に乗るのが楽しくなる本！

913
時刻表タイムトラベル
所澤秀樹
懐かしの上野発の夜行列車、あこがれの食堂車でのディナー、夢の世界一周切符?! 昔の時刻表は過ぎ去りし時を思い出させる読み物だ。時をかける紙上の旅へ！

751
サバイバル！
——人はズルなしで生きられるのか
服部文祥
岩魚を釣り、焚き火で調理し、月の下で眠る……。「素のままで山を登る」クライマーは極限で何を思うのか？生きることを命がけで考えた山岳ノンフィクション。

ちくま新書

613
思想としての全共闘世代
小阪修平
あの興奮は一体何だったのか？　全共闘世代が定年を迎える。戦後最大の勢力を誇り、時代を常にリードしてきたこの世代の思想的・精神的な、文字どおりの総括。

623
１９６８年
絓《すが》秀実
フェミニズム、核家族化、自分さがし、地方の喪失などに刻印された現代社会は「１９６８年」によって生まれた。戦後日本の分岐点となった激しい一年の正体に迫る。

498
公安警察の手口
鈴木邦男
謎のベールに包まれている公安警察。彼らはどんな手法で捜査を行うのか？　自らの体験と取材をもとに、ガサ入れ・尾行・スパイ養成の実態に切り込む刺激的な一冊。

939
タブーの正体！
——マスコミが「あのこと」に触れない理由
川端幹人
電力会社から人気タレント、皇室タブーまで、マスコミ各社が過剰な自己規制に走ってしまうのはなぜか？『噂の眞相』元副編集長がそのメカニズムに鋭く迫る！

759
山口組概論
——最強組織はなぜ成立したのか
猪野健治
傘下人員四万人といわれる山口組。警察の厳しい取り締まり、社会の指弾を浴びながら、なぜ彼らは存在するのか？　その九十年の歴史と現在、内側の論理へと迫る。

702
ヤクザと日本
——近代の無頼
宮崎学
下層社会の人々が生きんがために集まり生じた近代ヤクザ。格差と貧困が社会に亀裂を走らせているいま、ヤクザの歴史が教えるものとは？

581
会社の値段
森生明
会社を「正しく」売り買いすることは、健全な世の中を作るための最良のツールである。「Ｍ＆Ａ」から「株式投資」まで、新時代の教養をイチから丁寧に解説する。

ちくま新書

085
日本人はなぜ無宗教なのか
阿満利麿
日本人には神仏とともに生きた長い伝統がある。それなのになぜ現代人は無宗教を標榜し、特定宗派を怖れるのだろうか？　あらためて宗教の意味を問いなおす。

222
人はなぜ宗教を必要とするのか
阿満利麿
宗教なんてインチキだ、騙されるのは弱い人間だからだ——そんな誤解にひとつずつこたえ、「無宗教」から「信仰」へと踏みだす道すじを、わかりやすく語る。

886
親鸞
阿満利麿
親鸞が求め、手にした「信心」とはいかなるものか。時代の大転換期において、人間の真のあり様を見据え、新しい救済の物語を創出したこの人の思索の核心を示す。

918
法然入門
阿満利麿
私に誤りはなく、私の価値観は絶対だ——愚かな人間のための唯一の仏教とは。なぜ念仏一行なのか。日本史上最大の衝撃を宗教界にもたらした革命的思想を読みとく。

936
神も仏も大好きな日本人
島田裕巳
日本人はなぜ、無宗教と思いこんでいるのか？　神道と仏教がどのように融合し、分離されたか、その歴史をたどることで、日本人の隠された宗教観をあぶり出す。

445
禅的生活
玄侑宗久
禅とは自由な精神だ！　禅語の数々を紹介しながら、言葉では届かない禅的思考の境地へ誘う。窮屈な日常に変化をもたらし、のびやかな自分に出会う禅入門の一冊。

783
日々是修行
——現代人のための仏教一〇〇話
佐々木閑
仏教の本質とは生き方を変えることだ。日々のいとなみの中で智慧の力を磨けば、人は苦しみから自由になれる。科学の時代に光を放つ初期仏教の合理的な考え方とは。

ちくま新書

948 日本近代史 坂野潤治

この国が革命に成功し、わずか数十年でめざましい近代化を実現しながら、やがて崩壊へと突き進まざるをえなかったのはなぜか。激動の八〇年を通観し、捉えなおす。

457 昭和史の決定的瞬間 坂野潤治

日中戦争は軍国主義の後ではなく、改革の途中で始まった。生活改善の要求は、なぜ反戦の意思と結びつかなかったのか。日本の運命を変えた二年間の真相を追う。

650 未完の明治維新 坂野潤治

明治維新は〈富国・強兵・立憲主義・議会論〉の四つの目標が交錯した「武士の革命」だった。それは、どう実現されたのだろうか。史料で読みとく明治維新の新たな実像。

601 法隆寺の謎を解く 武澤秀一

世界最古の木造建築物として有名な法隆寺は、創建・再建の動機を始め多くの謎に包まれている。その構造から古代史を読みとく、空間の出来事による「日本」発見。

895 伊勢神宮の謎を解く——アマテラスと天皇の「発明」 武澤秀一

伊勢神宮をめぐる最大の謎は、誕生にいたる壮大なプロセスにある。そこにはなぜ、二つの御神体が共存するのか？神社の起源にまで立ち返りあざやかに解き明かす。

859 倭人伝を読みなおす 森浩一

開けた都市、文字の使用、大陸の情勢に機敏に反応する外交。——古代史の一級資料「倭人伝」を正確に読みとき、当時の活気あふれる倭の姿を浮き彫りにする。

734 寺社勢力の中世——無縁・有縁・移民 伊藤正敏

最先端の技術、軍事力、経済力を持ちながら、同時に、国家の論理、有縁の絆を断ち切る中世の「無縁」所。第一次史料を駆使し、中世日本を生々しく再現する。

ちくま新書

766
現代語訳 学問のすすめ
福澤諭吉
齋藤孝訳
諭吉がすすめる「学問」とは？ 世のために動くことで自分自身も充実する生き方を示し、激動の明治時代を導いた大ベストセラーから、今すべきことが見えてくる。

912
現代語訳 福翁自伝
福澤諭吉
齋藤孝編訳
近代日本最大の啓蒙思想家福沢諭吉の自伝を再編集&現代語訳。痛快で無類に面白いだけではない。読めば必ず、最高の人生を送るためのヒントが見つかります。

861
現代語訳 武士道
新渡戸稲造
山本博文訳/解説
日本人の精神の根底をなした武士道。その思想的な源泉はどこにあり、いかにして普遍性を獲得しえたのか？ 世界的反響をよんだ名著が、清新な訳と解説でいま甦る。

877
現代語訳 論語
齋藤孝訳
学び続けることの中に人生がある。——二千五百年間、読み継がれ、多くの人々の「精神の基準」となった古典中の古典を、生き生きとした訳で現代日本人に届ける。

827
現代語訳 論語と算盤
渋沢栄一
守屋淳訳
資本主義の本質を見抜き、日本実業界の礎となった渋沢栄一。経営・労働・人材育成など、利潤と道徳を調和させる経営哲学には、今なすべき指針がつまっている。

615
現代語訳 般若心経
玄侑宗久
人はどうしたら苦しみから自由になれるのか。言葉や概念といった理知を超え、いのちの全体性を取り戻すための手引を、現代人の実感に寄り添って語る新訳決定版。

890
現代語訳 史記
司馬遷
大木康訳/解説
歴史書にして文学書の大古典『史記』から「権力」と「キャリア」をテーマにした極上のエピソードを選出し、現代語訳。「本物の感触」を届ける最上の入門書。